우리 학교
부실 급식을
막아라!

※ 일러두기
1. 본 책에 수록된 기사는 실제 사건을 기반으로 재정리하였습니다.
2. 정당명, 법률, 정부 조직 등은 쇄에 따라 다를 수 있습니다. 본 책은 2023년 1월 기준으로 실정에 맞게 일부 수정되었습니다.

우리는 민주 시민 3

우리 학교, 부실 급식을 막아라! _이야기로 살펴보는 국가 기관의 모든 것

초판 1쇄 발행 2019년 11월 11일
초판 4쇄 발행 2023년 1월 30일

글 정윤선
그림 송효정

펴낸곳 도서출판 개암나무(주)
펴낸이 김보경
경영관리 총괄 김수현   **경영관리** 배정은
편집 조원선 오누리 김소희   **디자인** 이은주   **마케팅** 김유정
출판등록 2006년 6월 16일   제22-2944호

주소 서울특별시 용산구 한남대로40길 19, 4층(한남동, JD빌딩) (우)04417
전화 (02)6254-0601, 6207-0603   **팩스** (02)6254-0602   **E-mail** gaeam@gaeamnamu.co.kr
개암나무 블로그 http://blog.naver.com/gaeamnamu   **개암나무 카페** http://cafe.naver.com/gaeam

ⓒ 정윤선, 송효정, 2019
이 책의 저작권은 저자에게 있습니다. 저자와 출판사의 허락 없이 내용의 일부를 인용하거나 발췌하는 것을 금합니다.

ISBN 978-89-6830-552-8 74300
ISBN 978-89-6830-503-0 (세트)

이 도서의 국립중앙도서관 출판시도서목록(CIP)은 서지정보유통지원시스템 홈페이지(http://seoji.nl.go.kr)와 국가자료공동목록시스템(http://www.nl.go.kr/kolisnet)에서 이용하실 수 있습니다.
(CIP제어번호: CIP2019039160)

KC | **품명** 아동 도서 | **제조년월** 2023년 1월 30일 | **사용연령** 11세 이상
제조자명 개암나무(주) | **제조국명** 대한민국 | **전화번호** 02-6254-0601
주소 서울특별시 용산구 한남대로40길 19, 4층(한남동, JD빌딩)

우리는 민주 시민 3

우리 학교 부실 급식을 막아라!

정윤선 글 송효정 그림

이야기로 살펴보는
국가 기관의
모든 것

개암나무

차례

생각보다 가까운 민주주의

급식이 너무해! • 10
국민이 주인이 되는 나라 • 16
민주주의를 실현하는 원리 • 23
민주주의 바로 세우기: 6월 민주 항쟁 • 26
한 걸음 더 민주주의, 넌 어디에서 왔니? • 30

법의 탄생, 입법 기관

김 의원, 학교 급식 특별법을 제정하다! • 34
법을 만드는 기관, 국회 • 40
국회가 하는 일 • 45
국회 의원을 만나다 • 52
입법부의 공간, 국회 의사당 • 56
국회 바로 세우기: 사사오입 개헌 • 60
다양한 민주주의: 세계의 의회 • 64

한 걸음 더 대통령제와 의원 내각제 • 68

국가의 살림꾼, 행정 기관

민주초등학교 식중독 사건의 전말을 밝혀라! • 72
나라 살림을 책임지는 행정부 • 78
행정부가 하는 일 • 81
우리나라 정부 조직 • 82
대통령을 만나다 • 84
행정부의 공간, 청와대 • 87
정부 바로 세우기: 부마 민주 항쟁 • 90
다양한 민주주의: 세계의 대통령 선거 • 94

한 걸음 더 풀뿌리 민주주의, 지방 자치 제도 • 98

법 앞에 공평한 집행자, 사법 기관

곽 사장, 법의 심판을 받다! • 102
한 손에는 법전, 한 손에는 저울을 든 사법부 • 106
사법부가 하는 일 • 108
대법원장을 만나다 • 116
사법부의 공간, 대법원 • 120
사법부 바로 세우기: 인혁당 재건 사건 • 122
다양한 민주주의: 세계의 배심원제 • 127

한 걸음 더 법원의 종류와 업무 • 130

에필로그 • 132

작가의 말

우리는 민주 국가의 주인이에요

등하굣길에 학교 앞 횡단보도를 유심히 본 적 있나요? 그렇다면 횡단보도 주변 도로가 빨갛게 칠해진 모습이나 '어린이 보호 구역', '스쿨존'이라고 적힌 노란 표지판을 본 적 있을 거예요. 이런 스쿨존은 어떻게 설치되었을까요?

스쿨존은 '도로 교통법 어린이 보호 구역에 관한 법률'에 따라 만들어졌어요. 어린이들이 많이 다니는 학교 앞 도로에서 교통사고가 자주 일어나자, 국회에서 어린이를 보호할 법률을 만든 것이지요.

이 법률에 의해 학교 앞 도로는 어린이 보호 구역으로 지정되었어요. 이 구역에서는 제한 속도를 지켜야 해요. 여기서 교통사고를 낸 사람은 벌금을 내거나 형사 처벌을 받아요. 법이 시행되면서 스쿨존을 지나는 운전자들은 이전보다 주의해서 운전해요. 어린이들이 보다 안전하게 등하교할 수 있는 권리가 보호받게 된 것이지요.

국민이 주인인 민주주의 국가는 국민의 권리를 지켜 줘야 해요. 그래서 여러 국가 기관은 이를 보호하기 위한 일을 해요. 국회에서 국민의 권리를 보호할 수 있는 법을 만들고, 행정부에서 이를 시행하고, 이를 어긴 사람들은 법원에서 처벌을 받지요. 하지만 과거에는 국가 기관이 국민의 권리를 보호하기보다 권력을 위해 일하던 때도 있었어요. 그래서 우리는 항상 눈을 크게 뜨고 국가 기관이 누구를 위해 일하는지 지켜봐야 해요. 대한민국의 주인은 바로 우리니까요.

그런데 민주주의가 무엇인지, 국가 기관이 어떤 일을 하는지 아직 잘 모르겠다고요? 걱정하지 마세요. 이 책에 등장하는 민주네 학교에서 벌어진 부실 급식 사건의 해결 과정을 따라가다 보면 민주주의가 무엇인지 조금씩 이해할 수 있을 거예요. 그리고 여러 국가 기관에서 국민의 권리를 보호하기 위해 어떤 일을 하는지, 다른 나라의 국가 기관은 우리와 어떻게 다르고 비슷한지도 알 수 있지요. 이 책을 통해 어린이 여러분이 민주주의 국가의 주인으로서 한 뼘 더 성장해 나가기를 바랍니다.

정윤선

생각보다 가까운 민주주의

민주주의라는 말을 들어 보았나요? 민주주의는 우리 생활과 아주 밀접해요. 국가 기관이 왜 필요한지, 어떤 일을 하는 곳인지 더 잘 알기 위해서는 민주주의를 이해해야 해요. 그럼 지금부터 민주주의에 대해 자세히 알아봐요!

○월 ○일 11시 10분, 민주초등학교 6학년 7반 학급 회의 시간

민주네 반은 오늘도 어수선해요. 특히 민주와 찬이는 나란히 다리에 깁스를 하고 앉아 하루 종일 티격태격하고 있지요. 민주는 깁스한 오른발로 찬이의 깁스한 왼발을 툭툭 찼어요.

"그만 좀 해!"

참다못한 찬이가 소리쳤어요.

"이게 다 너 때문이잖아! 6년 만에 처음으로 학교 대표가 됐는데, 너 때문에 육상 대회도 못 나가게 됐다고! 내가 얼마나 열심히 연습했는지 알아?"

민주는 울컥하며 말했어요.

둘이 다투는 사이, 학급 회의가 시작되었어요.

"우선 회의 안건을 정하자. 안건을 발표할 사람은……."

"모두 내 발 보이지? 찬이가 어제 먼저 급식을 받겠다고 뛰어가다가 계단에서 구를 때 나까지 떠밀려서 뼈에 금이 갔어."

민주가 회장인 정치의 말이 끝나기도 전에 손을 번쩍 들고 말했어요.

"야, 내가 뛰고 싶어서 뛰었냐? 빨리 가지 않으면 먹을 게 없으니까 그런 거지."

찬이가 입을 삐쭉 내밀고 구시렁거렸어요. 민주는 찬이를 쏘아보며 말을 이었어요.

"그래서 말인데, 급식받는 순서를 정하면 좋겠어."

"민주가 급식받는 순서를 정하자는 안건을 냈어. 이 안건에 대한 의견을 말해 보자."

회장인 정치의 말에 소진이가 말했어요.

"난 무조건 찬성! 저번에 서로 먼저 줄 서겠다고 밀치다가 식판을 다 쏟았잖아. 그때 밥도 못 먹고 청소했던 거 생각하면, 으, 끔찍해!"

아이들도, 교실 뒤에서 회의를 지켜보던 담임 선생님도 모두 고개를 끄덕였어요.

"양이 너무 적은 게 제일 큰 문제라고 생각해. 우리 학교 급식은 양 적고 맛 없기로 유명하잖아. 급식 품질을 개선해 달라고 하자."

지훈이도 의견을 덧붙였어요.

"그거 좋은 생각이다. 의견을 모아 내일 전교 어린이 회의 때 학교에 정식으로 건의하면 좋겠어."

"우리 학교 급식은 너무 심각해. 고기반찬도 자주 안 나오고 국에는 건더기도 별로 없어."

"미트볼스파게티는 어떻고? 어떨 때는 면만 있고 미트볼이 하나도 없다니까."

"생선구이는 비린내가 나서 먹을 수가 없어."

"그마저도 늦게 가면 못 먹잖아. 난 김치만 놓고 밥 먹은 적도 있어."

"내일 전교 어린이 회의 때 꼭 건의해 줘."

"맞아, 꼭 건의해 줘."

6학년 7반은 모처럼 한목소리로 외쳤어요.

"그럼 급식 품질 개선에 관한 안건은 내일 전교 어린이 회의 때 건의하는 것으로 정리할게. 이제 민주가 낸 급식 순서를 정하는 안건에 대해 이야기 나눠 보자."

정치의 말에 석이가 손을 번쩍 들고 말했어요.

"키 작은 아이들부터 먹자. 많이 먹고 빨리 커야지."

그러자 반에서 키가 제일 큰 찬이가 발끈했어요.

"키 큰 게 죄냐? 왜 우리가 매일 늦게 먹어야 해? 키가 크면 배가 빨리 고프니까 먼저 먹어야 한다고."

"그럼 그날그날 배고픈 사람이 먼저 먹자. 민주는 맨날 밥을 남기니까 맨 나중에 먹어도 되지?"

먹어도 먹어도 항상 배가 고프다는 현식이가 민주를 보며 말했어요.

"내가 언제 맨날 남겼다고 그래? 내가 싫어하는 생선이 나올 때만 남겼다고!"

민주가 발끈했어요. 7반의 봉사왕 준이도 한마디 했어요.

"모둠별로 돌아가면서 먹으면 좋겠어. 일주일에 한 번씩 순서를 바꾸면 공평하잖아."

"시시해. 차라리 복불복 게임으로 정하자! 게임에서 이긴 사람이 한 달 동안 먼저 먹기. 어때, 재미있지?"

"여자애들이 먼저 먹자. 남자애들이 먼저 받으면 맛있는 반찬을 다 가져가 버린단 말이야."

"양성평등 몰라?"

"단원 평가 성적순으로 먹는 건 어때? 우리 형네 학교는 그렇게 한다던데."

"네 형은 전교 1등이잖아."

"이름순으로 해. 매일 한 명씩 뒤로 가면 공평하잖아."

"그냥 지금처럼 빨리 줄 선 사람이 먼저 먹는 게 제일 합리적이야."

"선생님이 정해 주시면 안 돼요?"

"대충 정하고 빨리 끝내자. 배고파 죽겠어."

민주네 반 스물네 명의 학생들은 생김새만큼이나 생각도 다양했어요. 부회장은 쏟아지는 의견을 칠판에 적느라 정신이 없었지요. 게다가 벌써 11시 50분, 점심시간이 10분밖에 남지 않았어요.

민주네 반 아이들은 제 시간에 급식을 먹을 수 있을까요? 급식 받는 순서를 어떻게 정하면 좋을까요?

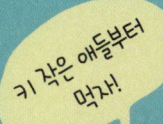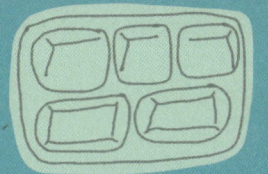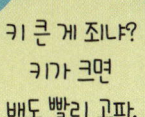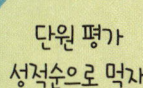

국민이 주인이 되는 나라

우리는 모두 정치를 하고 있어요

우리 사회에는 다양한 사람들이 살아요. 이들은 생김새, 나이, 취향, 생각이 저마다 다르지요. 서로 다른 생각 때문에 때때로 갈등을 빚기도 해요. 민주네 반처럼 급식받는 순서를 정하는 문제에 부딪힐 수도 있고, 쓰레기 처리장을 어디에 지을지 같은 조금 심각한 문제에 맞닥뜨릴 수도 있지요. 이럴 때 의견을 조정해 갈등을 해결하는 것이 바로 '정치'예요. 그러니까 넓은 의미에서 보면 누구나 정치에 참여하고 있지요.

정치는 갈등을 잘 해결해서 사회를 살기 좋게 만들고, 공동체를 정의롭게 만들어요.

정치를 잘하려면 공동체에 속한 사람들이 모두 만족할 만한 해결책을 찾아야 해요. 만약 민

주네 반의 급식 순서를 선생님이나 반장이 마음대로 정한다면, 다른 아이들은 만족하지 못할 거예요. 그래서 학급 회의를 열어 다양한 의견을

정치는 다수의 의견을 조정해 갈등을 해결하는 것!

듣고 더 좋은 방법을 고민하는 거예요. 국가도 마찬가지예요. 수많은 나랏일과 그 안에서 일어나는 갈등을 한 사람이 결정하지 않고, 국민들의 의견을 모아서 여럿이 결정해요. 이렇게 국민들이 나랏일에 참여하는 것이 민주주의의 특징이랍니다.

민주주의가 필요해요

민주주의는 정치를 하는 여러 방법 중 하나예요. 오늘날 많은 나라들이 민주주의 제도를 택하고 있어요. 오랜 역사를 거치며 다양한 방법으로 정치를 해 본 결과, 민주주의가 가장 많은 사람들을 만족시킨 제도였기 때문이에요.

중세 시대까지만 해도 왕이나 귀족이 권력을 독차지했어요. 왕과 귀족들이 자신들의 이익만을 위해서 권력을 사용했기에 백성들의 삶은 아주 힘겨웠지요.

13세기, 영국 존 왕은 시도 때도 없이 세금을 걷어 백성들을 괴롭혔어요. 게다가 프랑스와 치른 전쟁에서 영토까지 잃었지요. 1215년, 급기야 귀족들이 존 왕에게 맞섰어요. 귀족들은 존 왕에게 글씨가 빼곡히 적힌 양피지 한 장을 내밀었어요. 양피지에는 '의회의 허락 없이 왕 혼자서 법을 만들거나 세금을 걷어서는 안 된다'는 조항을 비롯하여 왕의 무분별한 권한을 줄이는 내용이 쓰여 있었지요. 존 왕은 귀족들이 무서워서 어쩔 수 없이 이 문서에 서명했어요. 존 왕이 서명한 문서는 대헌장(마그나

카르타)이에요. 대헌장은 왕이 마음대로 권력을 휘두르던 정치로부터 벗어나 백성의 권리와 자유를 지키는 데 중요한 근거로 여겨져 영국 헌법의 기초가 되었답니다.

　그러나 그 뒤로도 백성들의 삶은 나아지지 않았어요. 권력이 왕에서 귀족으로 옮겨 갔을 뿐이었지요. 백성들은 인간다운 삶을 살기 위해서는 왕도, 귀족도 아닌 자신들 스스로 권력을 가져야 한다는 것을 깨달았어요. 그래서 긴 세월 동안 끝없이 싸워 민주주의 제도를 탄생시켰지요. 민주주의를 통해 다수의 백성은 권력을 갖고 자신들을 위한 정치를 하게 되었답니다.

민주주의에서 중요한 가치

그렇다면 민주주의에서는 어떤 가치가 중요할까요?

첫째, 민주주의는 인권을 소중하게 생각해요. 국민이 권력을 갖게 되면서부터, 인간의 존엄성*에 대한 고민이 깊어졌어요. 그래서 세계 여러 나라는 법에서 인권에 대한 내용을 비중 있게 다루고 있어요. 우리나라도 헌법에 '모든 국민은 인간으로서의 존엄과 가치를 가지며, 행복을 추구할 권리를 가진다'라고 밝히며 인권의 중요성을 강조하고 있어요.

둘째, 민주주의는 자유를 보장하기 위해 힘써요. 자유는 어떤 것에 구속받지 않고 자기 생각대로 할 수 있는 권리예요. 자유는 인간답게 살기 위해 꼭 필요해요. 국민은 자신의 행복을 추구할 자유가 있어요. 국가는 국민에게 기본적인 인권을 누릴 자유, 투표 등으로 정치에 참여할 자유, 자기 의견을 사람들에게 표현할 언론 출판의 자유, 재산을 스스로 관리할 자유, 신앙에 따라 종교를 선택할 자유 등을 보장하지요. 하지만 자유에는 책임이 따라요. 또 타인의 자유를 해치거나, 사회가 위기에 처하면 개인의 자유는 제약받을 수 있어요.

셋째, 민주주의는 평등을 추구해요. 모든 국민은 모든 면에서 평등한 기회를 가져야 해요. 법은 그러한 권리를 보장하고 있지요. 민주주의에서 평등이 중요한 이유는 한 사람 한 사람이 모두 존엄하기 때문이에요. 부와 권력에 상관없이 말이지요. 때때로 자유와 평등의 가치가 서로 부

존엄성 감히 범할 수 없는 높고 엄숙한 성질.

덮치기도 하는데, 이 둘을 조화롭게 유지하기 위한 사회적인 노력이 필요하답니다.

   민주주의에서는 다수결의 원칙도 중요해요. 다수결은 가장 많은 사람들이 찬성한 의견을 따르는 제도예요. 다수결의 원칙을 따르면 많은 사람들이 만족하는 결정을 내릴 수 있어요. 그러나 다수결로 결정된 내용에 찬성하지 않는 사람의 의견도 함부로 다뤄서는 안 되기에, 다수결로 결정하기 전에 충분히 토론을 해서 양측의 의견을 조율하는 과정이 필요해요. 이 과정을 통해 다양한 사람들의 생각과 입장을 고려해 더 좋은 의사 결정을 내릴 수 있답니다.

민주주의를 실현하는 원리

민주주의는 네 가지 원리에 따라 실현돼요. 국민 주권의 원리, 국민 자치의 원리, 입헌주의의 원리, 권력 분립의 원리이지요. 이를 바탕으로 법과 제도를 만들고 국가 기관을 세우고, 나라를 운영한답니다.

국민 주권의 원리

"대한민국의 주권은 국민에게 있고, 모든 권력은 국민으로부터 나온다."

우리나라 헌법 제1조 2항이에요. 주권이란 국가의 중대한 일이나 나아갈 방향 등을 결정하는 권력, 즉 권리와 힘을 뜻해요. 주권이 국민에게 있다는 말은 국민이 나랏일을 결정할 권력을 가진다는 뜻이지요. 우리나라 최고 법인 헌법의 첫 조항이니, 국민 주권이 얼마나 중요한지 알겠지요?

국민 자치의 원리

자치란 스스로 다스리는 것을 의미해요. 민주주의 국가에서는 국민이 정치에 직접 참여해야 해요. 그러나 오늘날은 인구가 너무 많아서 고대

아테네처럼 모든 국민이 한자리에 모여 나랏일을 결정하는 게 불가능해요. 그래서 우리나라를 비롯한 많은 나라들이 국민을 대표할 사람을 뽑아 간접적으로 정치하는 대의* 민주주의를 통해 국민 자치의 원리를 실현하고 있지요.

입헌주의의 원리

입헌주의는 헌법에 따라 국가를 운영한다는 개념이에요. 헌법은 국가를 통치하는 기본 원리를 담은 법이에요. 인간이 갖는 기본적인 권리 또한 헌법에 보장되어 있지요. 민주주의 국가는 헌법을 기준으로 국가 권력이 잘못 쓰이는 것을 막고, 인간의 존엄성을 지켜 냅니다.

대의 선거를 통해 선출된 의원이 국민의 의사를 대표해 정치를 담당하는 일.

권력 분립의 원리

단 한 사람이나 하나의 국가 기관에만 권력이 집중되면 권력을 가진 사람이나 기관이 권력을 제멋대로 휘두를지도 몰라요. **권력 남용 문제를 막기 위해 국가의 권력은 입법, 사법, 행정으로 분리한답니다.** 이를 '삼권 분립'이라고 하지요. 입법부는 법을 만들고, 행정부는 법에 따라 나랏일을 하고, 사법부는 법을 적용하는 기관이에요. 이 셋이 서로 견제하면서 권력을 함부로 쓰는 것을 막고, 국민의 자유와 권리를 안전하게 보장하지요.

삼권 분립은 누가 처음 생각했나요?

삼권 분립은 프랑스의 사상가인 몽테스키외가 처음 주장했습니다. 몽테스키외는 자신이 쓴 《법의 정신》에서 다음과 같이 밝혔어요.

"시민이 정치적 자유를 갖기 위해 이에 알맞은 정치 조직을 만들 필요가 있다. 입법권과 행정권이 결합되면 자유는 없다. 입법자가 법 집행까지 할 수 있어 폭압적으로 집행할 우려가 있기 때문이다. 또 사법권을 행정권과 분리해야 한다. 재판관이 입법자가 되어 권력을 마음대로 행사하거나, 법 집행자가 재판까지 하면 압제자●의 힘을 가질 수 있기 때문이다. 만일 특정한 한 사람이나 집단이 세 가지 권력을 모두 행사하면 모두 자유를 잃게 된다. 이들 삼권이 황제의 손에 있는 나라에서는 엄청난 전제 정치●가 행해지고 있다."

압제자 권력이나 폭력으로 남을 꼼짝 못 하게 강제로 누르는 사람.
전제 정치 국가 권력을 개인이 장악하여 국민의 뜻이나 법률에 제약을 받지 않고 실시하는 정치.

민주주의 바로 세우기: 6월 민주 항쟁

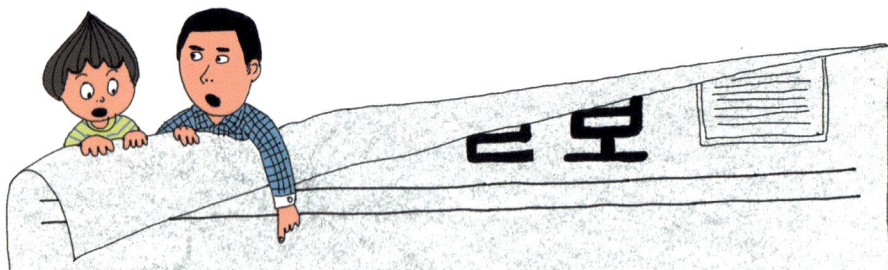

6·10 시위, 전국 3831명 연행

민주 헌법 쟁취 국민 운동 본부가 10일 오후 6시에 서울과 전국 22개 도시에서 열기로 한 '박종철 군 고문 살인 은폐 규탄 및 호헌 철폐 국민 대회'를 경찰 5만여 명이 막아섰다. 그러나 이날 서울을 비롯한 전국 20개 도시에서 학생과 재야 단체 회원, 종교인과 시민 등이 밤늦게까지 '독재 타도', '호헌 철폐' 등의 구호를 외치며 격렬한 시위를 벌였다.

치안 본부(경찰청의 옛 이름)는 이날 전국 20개 도시, 104곳에서 벌어진 시위에 1만 8550명 이상이 가담했다고 밝혔다. 경찰은 전국에서 총 3831명을 연행해 철야 조사를 벌였다.

이에 국민 운동 관계자, 재야인사, 성공회 사제, 수녀 등 70여 명이 오후 6시부터 규탄 대회를 갖고 '4.13 호헌 조치의 무효를 전 국민의 이름으로 선언한다'는 제목의 대회 선언문을 채택했다. 김재열 성공회 신부는 이날 "꽃다운 젊은이를 야만적인 고문으로 죽여 놓고도 국민을 속이려고 한 현 정권에 국민의 분노가 무엇인지를 보여 주기 위한 민주 장정을 시작한다"고 선언했다.

- 1987. 6. 11. ○○일보 -

🧑 이 신문 기사는 1987년에 있었던 6월 민주 항쟁을 다루고 있단다.

🧑 6월 민주 항쟁이 뭐예요?

🧑 대통령을 국민의 손으로 직접 뽑는 직선제를 요구하며 전국에서 일어난 민주화 운동이지.

🧑 1987년이면 겨우 30여 년 전인데, 그때는 국민들이 대통령을 직접 뽑지 않았단 말인가요?

🧑 그렇단다. 1979년에 군인이던 전두환은 쿠데타*를 일으켜서 대통령이 되었어. 그러다 보니 국민들의 반대가 심했지. 전두환은 권력을 계속 유지하기 위해 국민들을 탄압했어. 1981년, 간접 선거를 통해 전두환이 또다시 대통령으로 선출되었어. 간접 선거는 모든 국민이 선거에 참여하는 것이 아니라 일부 투표권을 가진 선거인단이 투표를 하는 방식이지.

🧑 대통령이 욕심이 너무 많았네요! 그런데 선생님, 호헌 철폐가 무슨 뜻이에요?

🧑 호헌은 헌법을 보호해 지킨다는 뜻이야. 그러니까 호헌 철폐는 헌법을 보호하지 말라는 뜻이지.

🧑 어? 헌법은 보호해야 하는 것 아니에요?

🧑 그건 국민을 위한 헌법일 때 이야기지. 당시 헌법은 대통령을 간접 선거로 뽑도록 되어 있었어. 간접 선거 자체는 문제가 없어. 오늘날에도

쿠데타 무력으로 정권을 빼앗는 일.

미국같이 인구가 많은 나라에서는 간접 선거를 시행한단다. 그러나 독재 정권은 이를 악용해 권력을 계속 유지할 소지가 크지. 실제로 전두환은 투표 결과를 조작해 다시 대통령이 되었어. 국민들이 그 사실을 알게 된 거야.

그래서 어떻게 됐어요?

전국에서 격렬한 시위가 이어졌어. 전두환 정권은 눈도 깜짝하지 않고 국민들을 더욱 심하게 탄압했지. 시위를 하다가 잡혀간 대학생 박종철이 고문 끝에 숨지기까지 했어.

고문을 받다가 죽었다고요?

안타깝게도 그랬단다. 당시 대학생이었던 이한열은 이 사건에 항의해 시위하다 경찰이 쏜 최루탄에 맞아 쓰러졌지. 그러자 학생들은 물론 시민들까지 시위에 나섰어. 시위가 전국으로 확대되며 걷잡을 수 없이 커지자, 전두환은 결국 대통령 직선제를 받아들였어. 대통령의 임기도 5년으로 정하고, 단 한 번만 할 수 있도록 헌법을 고쳤지.

와, 정말 대단해요. 국민들의 손으로 민주주의를 이루었네요!

그렇단다. 우리나라의 민주주의는 이때부터 시작되었다고 할 수 있어. 오랜 독재 정권을 무너뜨리고 민주주의를 향해 한 발짝 내딛은 거지.

민주주의, 넌 어디에서 왔니?

아주 먼 옛날, 그리스의 아테네에도 지금과 같은 민주주의가 있었어요. 아래 두 친구의 이야기를 읽고, 고대의 민주주의와 오늘날의 민주주의가 어떻게 다른지 살펴봐요.

민주주의의 시작, 아테네!

안녕? 나는 테오도르야. 고대 아테네에 살고 있지. 우리 아테네에는 자랑거리가 하나 있는데, 바로 민주주의 제도야. 일정 나이 이상인 아테네 시민들은 수시로 '아고라'라는 광장에 위치한 국가 기관인 민회, 평의회, 재판소에서 법과 제도를 만들고, 나라의 중요한 일을 결정해.

사실 예전에는 우리나라도 민주주의 국가가 아니었어. 귀족들이 나라를 다스리고, 많은 사람들이 노예로 살며 그들을 따랐지. 우리는 더 많은 사람들이 행복하게 사는 사회를 만들고 싶어 민주주의를 시작했어. 민주주의를 잘 운영하기 위해 '도편 추방제'라는 제도도 두었지. 도자기 조각에 이름을 써서 투표하는 제도로, 독

도편 추방제에 사용된 도자기 조각.

재자나 민주주의를 위협할 가능성이 있는 사람에게 투표하여 일정 득표수를 받은 사람을 10년 동안 나라 밖으로 추방해.

나도 올해부터 정치에 참여할 수 있어. 민회에서 정책을 만들고 평의회 대표가 되어 나랏일도 할 수 있지. 평의회 대표는 추첨을 통해 뽑아. 누구나 대표가 될 수 있어. 시민이 재판에도 참여하는데, 재판관을 따로 두지 않고 시민 배심원들이 판결을 내려.

우리 누나랑 엄마도 정치에 참여하냐고? 그건 아니야. 우리 누나랑 엄마는 남자가 아니잖아. 우리나라에서는 18세 이상인 남자에게만 정치 참여 자격을 주거든.

우리도 시민입니다!

안녕? 나는 21세기 대한민국 서울에 사는 민주야. 우리나라는 얼마 후에 중요한 선거를 앞두고 있어. 바로 국회 의원을 뽑는 선거란다. 우리도 민주주의 제도로 나라를 운영하는데, 모든 국민이 모여서 나랏일을 결정하는 형태는 아니야. 선거로 국민의 뜻을 대표할 사람을 뽑아 나랏일을 맡기지. 이것을 '대의 민주주의'라고 해.

나는 어려서 아직 선거권이 없지만, 만 18세가 넘으면 남녀 누구나 선거에 참여할 수 있어.

불과 얼마 전까지만 해도 많은 나라에서 여성과 노동자, 농민은 선거권이 없었다고 해. 영국에서는 1830년대부터 여성, 농민, 노동자들이 참정권*을 얻기 위해 노력했어. 수많은 이들의 노력 덕분에 1900년대에 들어서 성별, 인종, 종교, 재산에 관계없이 일정 나이가 되면 누구나 선거에 참여할 수 있게 되었지. 우리나라도 일제 강점기에는 국민의 참정권을 인정받지 못했어. 해방 이후인 1948년에야 헌법에 남성과 여성의 참정권을 담았어.

참정권 국민이 정치에 참여하는 권리. 선거권, 공무원이 될 수 있는 권리 등이 이에 속함.

법의 탄생, 입법 기관

민주주의 제도를 시행하는 국가는 입법·행정·사법 기관을 각각 두어 서로 견제하고 균형을 이룬다고 했지요? 그중 법을 만드는 입법 기관에 대해 살펴봐요.

김 의원, 학교 급식 특별법을 제정하다!

○월 ○일 오후 8시 30분, 김동구 의원 사무실

저녁 식사를 마친 김동구 의원은 소파에 앉아 뉴스를 보고 있었어요. 그때 뉴스에서 민주초등학교 급식 사고 소식이 나왔어요. 김동구 의원의 얼굴이 일그러졌어요.

> 서울민주초등학교 어린이 300명이 급식을 먹은 후 집단 식중독 증세를 보여 병원에서 치료 중입니다. 식중독 원인은 아직 밝혀지지 않았습니다. ABS 방송 조사 결과, 민주초등학교 부실 급식 문제는 꾸준히 이어져 왔습니다. 특히 민주초등학교에 식자재를 납품하던 G식품 곽 사장은 5년 전에도 유통 기한이 지난 식자재를 학교에 납품해 벌금형을 받은 적이 있어 큰 논란이 예상됩니다. 이상 ABS, 남다현 기자였습니다.

"어허, 큰일이군. 박 보좌관님, 민주초등학교는 우리 지역구*에 있지 않나요? 그런데 이전에도 부실 급식 논란이 있었다고요?"

"네. 그동안 교육청 홈페이지에 부실 급식에 대한 항의 글이 자주 올라왔습니다. 민주초등학교 앞에서 이 문제에 대해 1인 시위를 하는 학부모도 있었고요. 제가 시위 모습을 찍어 두었습니다."

박 보좌관은 휴대폰을 꺼내 김동구 의원에게 찍어 놓은 사진을 보여 줬어요. 학부모가 든 시위 피켓의 내용은 충격적이었어요. 밥은 반도 차지 않았고, 된장국에는 배추 몇 쪼가리가 전부였지요. 반찬은 멸치 5개, 달걀도 입히지 않은 분홍색 소시지 부침 2개뿐이었어요.

"학부모가 직접 찍은 학교 급식 사진인데요, 반찬이 부실할뿐더러 양도 턱없이 부족합니다."

사진을 본 김동구 의원의 표정이 험악해졌어요.

"이런 걸 아이들에게 줬다고요? 그런데 어떻게 급식 사고를 낸 회사가 다시 학교에 납품할 수 있었던 겁니까?"

박 보좌관이 머리를 긁적이며 대답했어요.

"그러게 말입니다. 학교 급식법에 이와 관련된 사항은 없는지 찾아보겠습니다."

지역구 일정한 지역을 한 단위로 하여 설정된 선거구.

박 보좌관은 태블릿 PC로 국회 법률 정보 시스템 홈페이지에 접속해 학교 급식법을 검색했어요.

"학교 급식법 제10조 1항에 '학교 급식에는 품질이 우수하고 안전한 식재료를 사용해야 한다'고 나와 있네요."

함께 태블릿 PC를 보던 김동구 의원이 말을 이었어요.

"음, 학교 급식 식재료에 관한 사항은 제16조에, 이를 지키지 않았을 시 받는 형벌은 23조에 나와 있군요. 그런데 법을 위반한 회사는 두 번 다시 학교에 식재료를 납품하지 못한다는 내용은 없네요?"

박 보좌관도 고개를 끄덕이며 말했어요.

"네. 그러다 보니 법을 어기더라도 벌금만 내면 다른 학교에 다시 유통 기한이 지나거나 질이 떨어지는 재료를 납품할 수 있지요. 교육청의 감시가 소홀한 점도 문제입니다."

"이런, 아이들이 먹는 음식을 속여 팔았는데, 또다시 학교 급식과 관련된 일을 할 수 있다니! 말도 안 돼요."

김동구 의원은 골똘히 생각에 잠겼어요. 그러다가 무릎을 탁 치며 박 보좌관에게 말했어요.

"비양심적인 회사가 다시는 학교 급식에 관여하지 못하도록 새로운 법을 만들어야겠어요. 학교 급식 특별법 말이에요. 그게 우리 국회 의원들이 하는 일 아닌가요?"

"그렇죠, 의원님. 민주초등학교 학부모들도 바라던 일이에요. 그럼 저는 어서 자료 조사를 시작해야겠군요."

"좋아요. 학교 급식법을 철저히 살펴보고, 현장에 나가 학교 급식 실태도 조사해 주세요. 아, 먼저 학생들이 입원한 병원을 가 보는 것이 좋겠어요."

"네, 의원님."

"그리고 김 의원, 이 의원, 최 의원에게 연락해 보세요. 우리 뜻에 함께해 줄 거예요. 평소에 교육과 보건에 관심이 많았던 의원이 또 누가 있더라……."

"우리 당의 김청결 의원님도 이 문제에 관심이 많으시더라고요. 김 의원님께도 연락해 보겠습니다."

"그래요. 아주 좋군요."

김동구 의원은 함께 법률안*을 발의할 의원이 더 없는지 국회 의원 명단을 살펴보았어요.

"의원 열 명이 모여야 법률안을 발의할 수 있으니 더 찾아보지요. 법률안이 상임 위원회 심의를 통과해야 본회의에서 표결할 수 있으니 박 보좌관은 법률안 준비에 더욱 신경 써 주세요."

박 보좌관이 고개를 끄덕이며 말했어요.

법률안 법률이 될 사항을 정리해서 국회에 제출하는 문서.

"네, 의원님. 9월에 본회의에서 표결하려면 바쁘게 움직여야겠어요. 표결되고 대통령께서 거부권을 행사하지 않으신다면 11월에는 새로운 법이 시행될 수 있겠네요."

"그렇지요. 학생들을 위한 법이니 아마 대통령께서도 법안을 거부하지 않으실 거예요. 자, 이건 나중에 생각할 일이고, 어서 법률안을 만들어 봅시다!"

"네, 의원님."

법을 만드는 기관, 국회

국민의 대표 기관, 국회

국민의 뜻을 모아 법을 만들고 나랏일을 의논하는 입법 기관을 의회라고 해요. 의회를 부르는 이름은 나라마다 다른데 우리나라에서는 '국회'라고 해요.

국회는 국민이 선거를 통해 뽑은 국회 의원들로 구성돼요. 국회 의원들은 각 지역 선거나(지역구 국회 의원), 정당별 득표수에 비례해서(비례 대표 국회 의원) 선출돼요. 국회는 200명 이상의 국회 의원과 국회 의원의 대표 격인 국회 의장 1명, 부의장 2명으로 이루어져 있어요.

그런데 국회 의원들의 생각이 모두 다르면 어떨까요? 수많은 나랏일을 결정하는 데 너무 오래 걸릴 거예요. 그래서 뜻이 맞는 여러 국회 의원이

모여 '교섭 단체'를 만들고, 교섭 단체끼리 나랏일을 논의하여 결정해요. 교섭 단체로 인정받기 위해서는 국회 의원이 20명 이상 모여야 해요. 그래서 각 정당은 20명 이상의 국회 의원을 확보하기 위해 노력하지요. 각 교섭 단체는 회의가 열리기 전에 미리 합의를 이루어 국회가 원활하게 돌아가도록 해요.

국회 의원이라고 해서 모든 분야를 잘 알 수는 없어요. 그래서 상임 위원회와 특별 위원회를 둬요. 상임 위원회는 교육 위원회, 환경 노동 위원회, 국방 위원회 등 17가지 전문 분야로 구성되었으며 각 위원회별로 법안을 심의하고 정부를 감시해요. 특별 위원회는 예산을 다루는 예산 결산 특별 위원회와, 국회 의원의 윤리성을 감시하는 윤리 특별 위원회가 있어요.

심의 심사하고 토론함.

국회 의원들은 언제 모여 회의하나요?

국회 의원들은 일 년에 한 번 정기적으로 일정 기간 동안 회의를 합니다. 이것을 '정기회'라고 하는데, 한 번의 회의 기간은 100일을 넘기지 않습니다. 대통령이나 국회 의원 4분의 1 이상의 요구가 있으면 추가로 회의를 열 수 있습니다. 이것을 '임시회'라 하고 회의 기간은 30일을 넘기지 않습니다.

뜻을 같이하는 사람들의 모임, 정당

선거 때마다 옷을 똑같이 맞춰 입은 사람들이 ○○당, △△당을 외치며 선거 운동하는 것을 본 적 있을 거예요. 이 시기만 되면 뉴스에서도 매일 각 정당에서 주장하는 내용을 보도하지요.

정당은 정치적인 생각이 같은 사람들이 모여 만든 단체예요. 정당은 정권을 잡고 자신들의 뜻에 따라 나라를 운영하는 게 목표예요. 그래서 자신들의 정당에 속한 인물을 국회 의원으로 만들고, 자기 당에서 대통령을 내려고 노력해요.

각 정당은 정당의 이름 외에 여당 또는 야당이라고 불려요. 정권을 잡고 있는 당을 여당, 그렇지 않은 당을 야당이라고 해요. 보통 대통령이 속한 정당이 여당이지요.

정권 정치상의 권력.

정당에는 국회 의원만 있는 게 아니에요. 우리나라는 공무원과 사립 학교 교사를 제외한 만 16세 이상의 사람이라면 누구나 정당에 가입해서 정치 활동을 할 수 있답니다.

헌법에 따르면 누구나 정당을 만들 수 있어요. 민주주의 국가에서는 한 정당이 권력을 독점하지 못하도록 정당이 여러 개인 것이 좋아요. 만약 정당이 하나만 있다면 독재 정치를 할 가능성이 있답니다.

각 정당은 저마다 문제의식˚이 달라요. 급격한 변화보다는 현재의 상태를 유지하자고 주장하는 정당, 변화를 통해 사회를 개선하려는 정당, 노동자들의 권리를 주장하는 정당, 환경 보호가 가장 큰 목표인 정당 등이 있지요. 국민들은 자신과 생각이 같은 정당을 지지하고, 각 정당들은

문제의식 문제점을 찾아서 그에 적극적으로 대처하려는 태도.

자신들을 지지하는 국민들의 의견을 반영해 한목소리를 내고 그에 맞는 정책을 만들어서 정당의 목표대로 사회를 바꾸려고 노력해요.

많은 사람들이 모인 정당은 큰 세력을 만들 수 있어서 정권을 얻기가 좀 더 쉬워요. 하지만 정당에 속하지 않아도 '무소속'으로 국회 의원이나 대통령 선거에 출마하거나 당선될 수 있답니다.

정당의 이름은 어떻게 정하나요?

정당들은 대부분 정당의 목표가 잘 드러나도록 이름을 지어요. 우리나라에는 더불어민주당, 국민의힘, 국민의당, 정의당 등 여러 정당이 있습니다.
우리나라 정당들은 이름을 자주 바꾸는 편입니다. 시대의 변화에 맞추거나 새로운 이미지를 위해 가장 쉽게 바꿀 수 있는 것이 이름이기 때문입니다.
외국에서는 한번 만든 정당의 이름을 오래도록 유지하는 경우가 많습니다. 미국의 민주당과 공화당은 1800년대에, 영국의 보수당과 노동당은 1900년대에 만들어진 이름이랍니다.

국회가 하는 일

국회에서는 법을 만들거나 고치고, 나라 살림에 쓸 예산을 정해요. 대통령과 정부가 나라 살림을 잘하는지 감시하는 역할도 하지요.

법을 만드는 국회

국회의 가장 중요한 업무는 바로 법을 만드는 일이에요. 국회를 '법을 세우다'라는 뜻의 입법 기관이라고 하는 것도 그 때문이지요.

그럼 법은 어떻게 만들까요? 국민에게 필요한 법이 있을 때, 국회 의원은 법률안을 만들어요. 법률안은 법률*로 만들기 위해 국회에 제출하는 문서를 말해요. 국회 의원들이 법률안을 검토하고 투표하여 법률안이 통과되면, 대통령이 국민들에게 알려요.

김동구 의원은 학교 급식을 납품할 때 문제를 일으킨 업체가 다시는 학교에 급식을 납품하지 못하도록 하는 법률안을 만들기로 했어요. 이 법률안이 무사히 통과될지 법을 만드는 과정을 따라가 볼까요?

법률 국회에서 만들어진, 일반적으로 우리가 지켜야 할 법 하나하나를 말함.

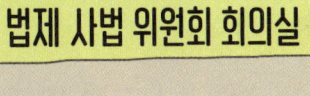
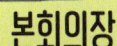

가결 회의에서 제출된 안건을 합당하다고 결정함.

47

누구나 법을 만들 수 있나요?

안타깝지만 일반인은 직접 법을 만들 수 없습니다. 법률안을 제안할 수 있는 것은 국회 의원과 정부뿐입니다. 하지만 국회 의원에게 이런 법을 만들어 달라고 요청할 수는 있습니다. 인터넷 '국회 입법 예고 홈페이지(http://pal.assembly.go.kr)'에 들어가 새로운 법을 만들거나 고칠 때 의견을 낼 수도 있지요. 법은 국민을 위한 것이기 때문에 관심을 갖고 참여하는 것이 중요하답니다.

국회 의원들은 어떻게 표결을 하나요?

국회 의원들의 표결 방법에는 크게 기록 표결와 무기록 표결이 있습니다. 기록 표결은 회의록에 투표자와 찬성한 의원, 반대한 의원의 이름을 적는 표결이고, 무기록 표결은 결과만 기록하고 이름은 적지 않는 표결입니다. 헌법 개정안의 경우에는 반드시 투표 용지에 이름을 써서 표결해야 합니다.
오랫동안 국회 의원들은 기립 표결 방식으로 표결을 진행했습니다. 각각 찬성과 반대일 때 일어서는 것으로 의견을 표시했지요. 이 방법은 누가 어디에 투표하는지 모두 알 수 있어서 소신껏 투표하기 어려웠습니다. 2000년 16대 국회 때 전자 투표 시스템이 도입되면서 국회 의원들은 각자의 좌석에 앉아 투표 기기로 표결에 참여하게 되었습니다. 하지만 투표 기기가 고장 났을 때 등 특별한 사정이 생기면 기립 표결을 하기도 합니다.

나라 살림을 의결하는 국회

국회는 다음 해 나라 살림에 사용할 예산을 의결하는 일도 해요. 나라를 운영하려면 엄청나게 많은 돈이 필요합니다. 국민들의 건강을 지킬 정책을 펴고 국방을 튼튼히 하고 공공시설을 운영하려면 돈이 들지요.

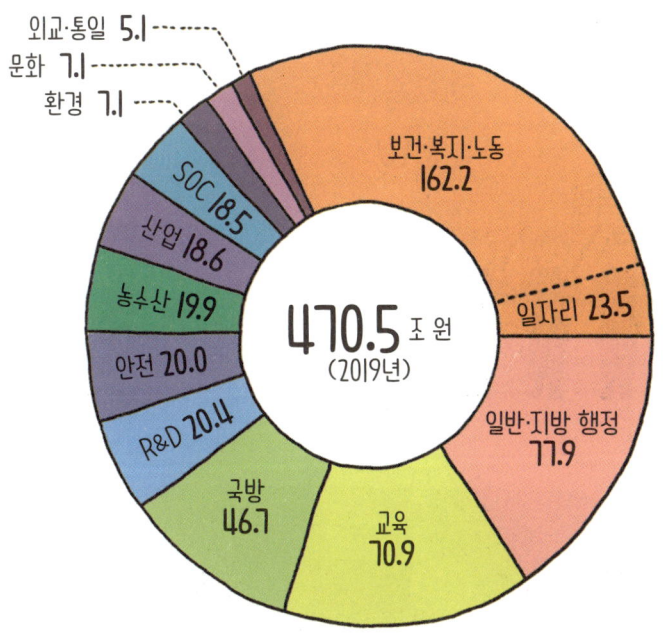

'2019년 예산안' 분야별 재원 배분(단위: 조 원)

이렇게 어느 곳에 얼마의 나랏돈을 사용할지 미리 계산하는 것을 '정부 예산'이라고 해요.

2019년 우리나라 정부 예산은 470.5조 원이었어요. 이는 5억 원짜리 집을 약 94만 채 정도 살 수 있는 엄청나게 큰 금액이지요.

정부는 보건·복지·노동, 일반·지방 행정, 교육, 국방 등 여러 곳에 예산을 적절히 나누어 예산안을 작성해요. 그중 교육에 관한 예산은 70.9조 원이었답니다. 민주초등학교에 지급될 급식비 일부도 여기에 포함되어 있어요.

국회는 행정부에서 제출한 예산안을 꼼꼼히 살펴요. 상임 위원회가 예비 심사를, 예산 결산 특별 위원회가 종합 심사를 해요. 마지막으로

국회 본회의에서 심의를 통과해야 하지요. 행정부는 국회에서 통과된 예산안대로 나라 살림을 꾸려 나간답니다.

행정부를 감시하는 국회

국회는 대통령과 정부(행정부의 줄임말이지요.)가 국민의 뜻에 따라 나라를 잘 운영하는지 감시하는 역할도 해요. 삼권 분립의 원칙에 따라 정부가 마음대로 권력을 휘두르는 것을 막지요.

국회는 해마다 정부가 한 일을 점검하는데, 이것을 '국정 감사'라고 해요. 국정 감사는 매년 정기회가 시작될쯤 실시해요. 주로 행정부가 나랏일을 잘했는지, 예산을 알맞게 사용했는지 등을 철저히 조사하지요.

대법원장, 헌법 재판소장, 국무총리 등 대통령이 임명한 사람들이 국정˙을 운영할 자격이 있는지 살피기 위해 인사 청문회도 해요. 대통령이나 국무 위원, 법관 등의 공무원이 헌법이나 법률을 위반했을 때 탄핵˙을 신청할 수 있는 것도 국회의 권한이에요.

국회에서 대통령을 물러나게 할 수 있다고요?

국회는 대통령과 국무총리, 국무 위원 등 중요한 자리에 있는 공무원들이 헌법이나 법률을 어겼을 때 탄핵 소추˙를 의논해 결정할 수 있습니다.
탄핵은 대개의 경우 국회 의원 3분의 1 이상이 발의하고, 국회 의원 과반수가 찬성하면 되지만, 대통령 탄핵 소추는 절반이 넘는 국회 의원들이 발의하고, 3분의 2 이상이 찬성해야 합니다.
하지만 국회는 헌법 재판소에 탄핵을 요청하는 것까지만 결정해요. 탄핵의 최종 결정은 헌법 재판소에서 하지요. 헌법 재판소의 재판관 9명 중 6명 이상이 찬성하면 탄핵이 결정됩니다.

국정 나라의 정치.
탄핵 죄를 조사해 꾸짖는다는 뜻으로, 높은 관리자가 큰 잘못을 했을 때 파면하는 제도.
탄핵 소추 대통령·국무 위원·법관 등을 국회에서 해임하거나 처벌하기로 정해 법의 판단을 요청하는 일.

국회 의원을 만나다

🧒 김동구 의원님, 안녕하세요. 저는 민주초등학교 학생 기자 강민주입니다.

👦 안녕하세요. 저는 최정치입니다.

👴 아, 이리 앉아요. 나를 취재하러 왔다고요?

🧒 네, 저희 민주초등학교 교내 신문에 국가 기관에서 일하는 분들을 인터뷰해 특집 기사를 싣기로 했어요. 이번 주는 국회 의원에 대한 기사를 실을 예정이에요.

👴 그래, 무엇이 알고 싶나요?

🧒 김동구 의원님은 어떻게 국회 의원이 되셨나요? 그리고 국회 의원을 몇 번째 하시는 것인지 궁금합니다.

👴 우리나라의 국회 의원 임기는 4년이라서 4년마다 총선을 한답니다. 만 18세 이상이면 누구든지 총선에 참여해 투표할 수 있지요. 저는 감동구의 국회 의원 후보 5명 중에 제일 많은 표를 얻어 감동구 국회 의원이 되었어요. 이번에 두 번째로 국회 의원에 당선된 2선 의원이지요.

👦 그렇다면 김동구 의원님은 지역구 국회 의원이시군요? 뉴스를 보니 비례 대표 국회 의원도 있던데, 비례 대표 국회 의원은 무엇인가요?

👴 네, 좋은 질문이에요. 선거를 할 때, 사람들은 자신이 살고 있는 지

역구에 출마한 국회 의원 후보와 정당에 투표합니다. 이 정당 투표가 비례 대표 국회 의원과 관계가 있어요. 선거 전에 각 정당은 비례 대표 국회 의원이 될 비례 대표 후보와 차례를 발표하죠. 그리고 선거가 끝난 뒤에 정당 지지율에 비례해 비례 대표 국회 의원을 정합니다. 단, 정당 득표율이 3퍼센트를 넘어야 하지요. 우리 당의 경우 지난 선거에서 지지율 21퍼센트를 얻었어요. 그래서 전체 비례 대표 국회 의원 수의 21퍼센트인 13명이 비례 대표 국회 의원이 되었지요. 혹시 김청결 의원을 아나요? 그 의원이 우리 당의 3번째 비례 대표 후보였어요.

🧒 뉴스에서 김청결 의원을 본 적 있어요. 미세 먼지에 대해 알리려고 화력 발전소 앞에서 하얀 옷을 입고 하루 종일 서 계시던 모습이요. 나중에는 옷이 짙은 회색으로 변했더라고요.

👴 하하, 그 모습을 보았군요!

🧒 의원님, 그런데 우리나라는 국회 의원이 몇 명이나 있나요?

👴 헌법에 국회 의원을 200명 이상 구성하라고 나와 있어요. 2021년 5월에는 300명의 국회 의원이 활동하고 있어요. 그중 비례 대표로 뽑힌 국회 의원은 47명이에요.

🧒 국회 의원이 되려면 특별한 자격이 필요한가요?

👴 특별한 자격이나 학력은 필요 없어요. 단, 법원에서 유죄를 선고받지 않은 25세 이상의 대한민국 국민이어야 합니다.

🧒 그렇다면 공부를 못해도 국회 의원이 될 수 있어요? 저는 꿈이 국회 의원인데 수학을 너무 못해서 걱정이었거든요.

👴 국회 의원이 되는 데 수학 성적이 중요한 것은 아니에요. 하지만 국민의 뜻을 대표하는 소중한 자리이니 기본적인 지식은 갖추는 것이 좋겠지요.

🧒 네, 좀 더 노력할게요.

🧒 국회 의원이 되면 특별한 권리가 있다고 들었습니다. 어떤 특권이 있나요?

👴 우선 국회에서 국회 의원으로서 한 발언과 표결에 법적인 책임을 지지 않습니다. 그리고 범죄 현장에서 붙잡히지 않는 이상, 국회가 열리

는 동안 국회의 동의 없이 체포되거나 감옥에 갇히지 않아요. 이는 국회 의원이 높은 사람이기 때문이 아니라, 국회 의원이 행정부를 견제하는 일을 하기 때문이에요. 대통령이 국회에 불만을 갖고 국회 의원을 체포하려고 해도 계속 국민의 뜻을 대표하는 일을 열심히 하라는 의미지요.

끝으로 국회 의원으로서 꼭 하고 싶은 일이 있으신가요?

네, 저는 어린이들을 보호하는 법에 관심이 많습니다. 요즘도 학교 급식 특별법을 만들고 있어요. 어린이들이 안전한 식품을 먹을 수 있도록 하는 법이지요. 앞으로도 우리 어린이들이 건강하고 안전하게 자랄 수 있도록 법과 제도를 만들고, 행정부를 잘 감시할게요.

네, 오늘 인터뷰 감사합니다.

국회 의원 배지가 궁금해요!

국회 의원이 왼쪽 옷깃에 다는 금빛 배지는 국회 의원의 상징입니다. 지름 1.6cm인 원 안에 무궁화가 있고 그 안에 '국회'라는 글자가 써 있습니다. 이전에는 무궁화 안에 한자로 나라 국(國) 자를 썼는데, 2014년에 지금의 모양으로 바꾸었습니다. 배지는 금빛이지만 사실 순은으로 만들어졌고 겉에만 금을 얇게 입혔습니다. 배지는 처음 국회 의원이 되었을 때 지급받고, 잃어버리면 돈을 내고 다시 사야 합니다.

입법부의 공간, 국회 의사당

안녕! 난 해태야. 해치라고도 하지.
내 이름은 '해님이 보낸 벼슬아치'라는 뜻이야.
나는 사악함을 깨뜨리고 바른 것을 세우는 동물이야.
그래서 바른 법을 세우라는 의미로 국회 의사당 정문 앞에 놓였어.
사람들은 나를 상상의 동물이라고 하는데, 그건 믿거나 말거나!
그럼 지금부터 국회 의사당의 이모저모를 살펴볼까?

서울시 영등포구 의사당대로1, 하얗고 네모난 천장 위로 푸르고 둥근 지붕을 얹은 국회 의사당이 위치한 곳이야. 여기가 바로 우리나라의 법이 만들어지는 곳이야. 나는 정문에서 국회 의사당을 호위하고 있단다.

국회 의사당은 6년의 공사 끝에 1975년에 세워졌지. 국회는 여의도 면적의 약 8분의 1이나 될 정도로 아주 넓어. 너른 마당을 두고 왼쪽에는 국회 의원 회관과 국회 후생관이, 오른쪽에는 국회 도서관과 국회 의정관이 있단다. 그리고 정면에 보이는 건물이 바로 국회 의사당이야.

국회 의사당 전경.

해태와 함께 살펴보는 국회 이모저모

❶-1 **국회 의사당** 국회 의사당은 아시아에서 가장 큰 의사당 건물이야. 24개의 기둥이 둥근 돔을 받치고 있어. 이 기둥은 국민의 다양한 의견을 뜻해. 둥근 돔은 국민들의 의견이 토론을 거쳐 하나로 모이는 의회 민주 정치를 상징하지. 동판으로 만들어진 돔은 처음에 붉은빛이었어. 그런데 시간이 지나 녹슬며 지금처럼 푸른색이 되었단다.

❶-2 **로턴다 홀** 계단을 지나 국회 의사당 내부로 들어가면 나오는 넓은 공간이야. 회의장에 가려면 이곳을 꼭 거쳐야 하기 때문에 국회 의원들이 농성을 벌이거나 나라의 주요 행사를 치르기도 해.

❶-3 **제1 회의실** 본회의가 열리는 곳이야. 무궁화 안쪽에 '국회'라는 글자를 새긴 장식이 정면에 걸려 있고, 그 바로 앞에 의장석이 있어. 왼쪽에는 국무 위원들이 앉고 국회 의원들이 나머지 자리를 채워. 국회 의원들은 이곳에서 정기회와 임시회를 한단다.

❶-4 **제2 회의실** 주로 예산안에 관한 회의를 하는 곳이야.

❷ **국회 도서관** 국회 의원들의 활동을 돕기 위한 각종 자료와 책들이 있어. 일반인도 이용할 수 있단다.

58

❸ **국회 방문자 센터** 국회 의사당을 견학하거나 국회 의원들이 회의하는 모습을 직접 보고 싶다면 이곳에서 미리 예약을 해야 해.

❹ **해태상** 나, 해태가 있는 곳이야. 내 발 밑에는 1975년에 묻은 와인이 있어. 이 와인은 와인을 묻은 지 100년 후에, 통일이 된 한국에서 개봉할 예정이야.

❺ **의원 회관** 국회 의원이 직무를 수행하는 사무실이 모여 있는 곳이야.

국회 바로 세우기: 사사오입 개헌

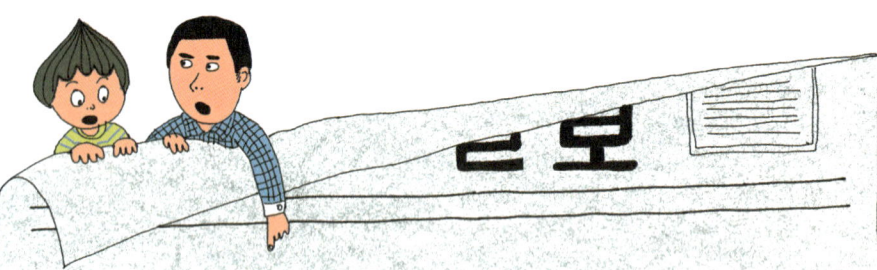

개헌안 통과 정족수, 135표다!

어제 개헌안 표결은 찬성 135표, 반대 60표, 기권 8표로 재적 의원 203명의 3분의 2인 135.333…이 안 되어 부결되었다. 개헌안 통과를 위해서는 재적 인원의 3분의 2 이상이 찬성해야 한다. 그러나 자유당 의원 부총회에서는 부의장의 선포로 확정된 개헌안 부결을 부인했다.

개헌안 부결 다음 날인 29일, 국회 본회의에서 부의장은 135표가 개헌 통과에 필요한 정족수인 재적 의원 203명의 3분의 2에 해당하므로 개정안을 가결한다고 선포했다.

이때, 자유당 원내 총무의 담화 내용은 다음과 같았다.

"헌법 개정의 의결은 재적 의원 3분의 2 이상이 찬성해야 하지만, 203명의 3분의 2는 135.333…인데 사람을 소수점 이하까지 나눌 수 없다. 사사오입의 수학 원리에 의해 가장 근사치의 정수는 135이다. 손쉽게 예를 들어 보더라도 203의 3분의 2는 135.333…이다. 또한 135.333…은 135에서는 0.33…의 거리에 있고 136에서는 0.66…의 거리에 있으므로 135가 가장 가까운 숫자이다."

-1954. 11. 29. ○○일보-

정족수 안건을 의논해 결정하는 데 필요한 최소한의 인원수.
부결 의논한 안건을 받아들이지 않기로 결정함.

🧑 이 기사는 1954년 11월 29일에 있었던 사사오입 개헌을 다루고 있어. 국회에서 편법을 사용해 헌법을 고친 아주 유명한 사건이지.

🧒 그런데 사사오입이 무슨 말이에요?

🧑 반올림이라고 생각하면 쉽겠다. 4 이하는 버리고 5 이상은 다음 자리로 올리는 것 말이야.

🧒 아하! 반올림이라면 잘 알아요. 그런데 반올림이랑 국회랑 무슨 상관이 있어요?

🧑 먼저 왜 헌법을 고치려고 했는지 알아야 해. 이승만 대통령은 1952년에 이미 대통령을 한 번 더 하기 위해 헌법을 고쳤단다. 그 뒤로도 이승만 대통령과 이승만 대통령이 속해 있던 자유당은 대통령을 한 번 더 하기 위해 또다시 헌법을 고치기로 했어. 당시 헌법에는 같은 사람이 대통령을 3번 연속으로 할 수 없도록 정했거든. 그런데 초대 대통령˙인 자신의 경우, 선거에 나갈 수 있는 횟수에 제한을 두지 않기로 헌법을 고치려고 했어.

🧒 국민의 권리를 위해서가 아니라 자신이 대통령을 계속 하고 싶어서 헌법을 고친다고요?

🧑 그래. 자유당은 헌법을 고치기 위해 자신들과 뜻을 같이할 사람들만 국회 의원 선거에 출마시켰어. 무소속 의원들에게는 조별로 투표할 것을 지시했지.

초대 대통령 제1대 대통령.

🧒 그래서 어떻게 되었나요?

👨 헌법에는 국회에서 안건이 통과되려면 국회 재적 의원의 3분의 2 이상이 찬성해야 한다고 나와 있어. 그런데 만약 재적 의원 203명에 135명이 찬성했다면, 어떻게 될까?

🧒 203명의 3분의 2면, 135.3333…명이네요. 그럼 135명이 그보다 적으니까 통과되지 못하는 거 아니에요?

👨 그렇지. 그래서 처음에는 부의장이 헌법을 고치자는 안건이 받아들여지지 않았다고 선언했어. 헌법을 못 고치게 된 것이지. 하지만 이 결과를 들은 이승만 전 대통령은 135.333…명을 반올림하면 135명이기 때문에 문제가 없다고 했어. 자유당은 이 의견을 밀어붙였고, 이틀 뒤 국회 본회의에서 국회 부의장이 헌법을 고치자는 안건을 통과시켰어.

🧒 에이, 그런 게 어디 있어요. 수학 시간에 반올림 배울 때도 사람일 경우는 꼭 올림으로 계산하는데.

👨 맞아. 이미 국회에서 결정이 난 사항을 뒤엎는 것도 말이 안 되지.

🧒 이승만 대통령은 이런 방법으로 3번이나 대통령을 한 거예요?

👨 그래. 그 이후에도 또다시 부정 선거로 대통령이 되려고 했어.

🧒 그런데 요즘에도 가끔 국회에서 날치기˙로 법안을 통과시켰다는 뉴스를 본 적 있어요.

👨 어른으로서 부끄럽구나. 아직까지도 대화와 설득이 아니라 편법으

날치기 법안을 가결할 수 있는 의원 정족수 이상을 확보한 당에서 법안을 자기들끼리 일방적으로 통과시키는 일.

로 법안을 통과시키는 일이 일어난단다. 나라의 기준이 되는 법을 자신들의 이익에 따라 함부로 바꾸면 안 되는데 말이야. 그래서 국민들은 우리가 뽑은 대표들이 절차에 맞게, 국민을 위해 일하는지 항상 지켜봐야 해. 대표를 신중하게 잘 뽑는 건 말할 것도 없지.

🧒 그게 바로 우리 국회를 바로 세우는 일이라는 거죠?

👨 그래. 우리 모두 엄정한 감시자가 되어야 한단다.

다양한 민주주의: 세계의 의회

다른 나라 의회는 어떤 모습일까요? 나라별로 역사와 문화에 따라 의회 형태가 다르지만, 국민의 뜻대로 나라를 운영해 민주주의를 실천하려고 노력한다는 점은 같답니다. 지금부터 세계 각국의 친구들과 함께 세계 여러 나라의 의회를 알아봐요!

의회 민주주의의 시작, 영국 국회

안녕, 난 영국의 론이야. 우리나라는 의회 민주주의를 처음 시작한 나라야. 템스 강변에 위치한 지붕이 뾰족뾰족한 건물이 바로 국회 의사당(Houses of Parliament)이야. 중세 시대에 웨스트민스터 궁으로 쓰여 '웨스트 민스터'라는 애칭으로도 불러.

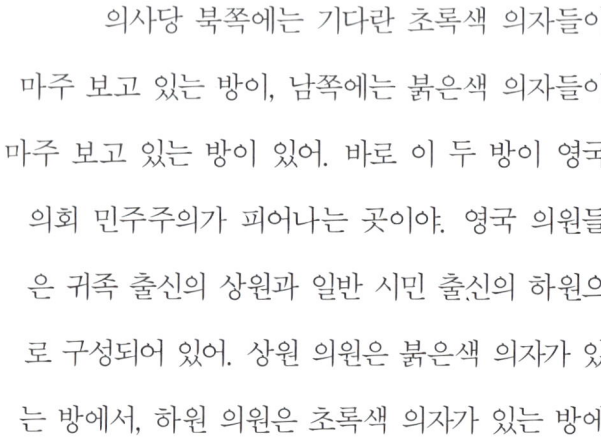

영국은 의회 민주주의를 처음 시작한 나라야.

의사당 북쪽에는 기다란 초록색 의자들이 마주 보고 있는 방이, 남쪽에는 붉은색 의자들이 마주 보고 있는 방이 있어. 바로 이 두 방이 영국 의회 민주주의가 피어나는 곳이야. 영국 의원들은 귀족 출신의 상원과 일반 시민 출신의 하원으로 구성되어 있어. 상원 의원은 붉은색 의자가 있는 방에서, 하원 의원은 초록색 의자가 있는 방에

영국 국회 의사당.

서 각각 회의를 해.

상원 의원과 하원 의원 사이에는 큰 차이가 있어. 상원 의원은 귀족 집안 사람이 물려받는 직책일 뿐 국민들이 뽑은 대표가 아니야. 그래서 법을 만드는 일은 대부분 국민들이 선거로 뽑은 하원 의원들이 해.

연방제 국가 미국의 의회

나는 미국에 사는 애나야. 우리나라는 여러 개의 주가 합쳐져 한 나라를 이루는 연방제 국가야. 각 주는 독립된 헌법, 정부, 의회를 가지고 있어. 워싱턴 D.C. 동쪽으로 펼쳐진 언덕 위에는 하얗고 둥근 지붕의 의회(United States Capitol) 건물이 있어. 국회 의사당 북쪽에는 상원 회의장

> 미국의 의회는 상원 의원과 하원 의원으로 구성되어 있어.

이, 남쪽에는 하원 회의장이 있어. 각 주를 대표하는 상원 의원은 각 주에서 2명씩 뽑아. 하원 의원은 각 주의 인구에 따라 그 수가 달라져. 알래스카처럼 인구수가 적은 주는 하원 의원을 적게 뽑고, 인구수가 많은 캘리포니아는 하원 의원을 많이 뽑지. 그리고 10년마다 인구 조사 결과를 반영하여 주별로 하원 의원 수를 조정해. 영국과 달리 상원 의원과 하원 의원이 모두 중요한 역할을 한단다.

합리적인 의회주의, 프랑스

봉주르! 나는 프랑스의 니콜이야. 우리나라는 대통령이 있지만, 의회

미국 국회 의사당 전경.

는 의원 내각제인 영국의 의회와 비슷해. 프랑스 의회(Parlement français)도 상원과 하원인 국민 회의로 나누어져 있어. 상원은 특정 사람들이 선거하는 간접 선거로 뽑아. 하원 의원은 국민들이 직접 선거에 참여하는 직접 선거로 뽑지. 상원은 룩셈부르크 궁에서, 하원은 부르봉 궁전에서 회의를 해. 하지만 헌법을 고칠 때 만큼은 베르사유 궁전에 다 같이 모여 회의를 한단다.

프랑스에서는 상원 의원을 간접 선거로, 하원 의원을 직접 선거로 뽑아.

우리나라 대통령은 하원인 국민 회의를 해산할 수 있을 정도로 막강한 힘을 가지고 있어. 그러다 보니 의회가 정부의 일에 함께 책임감을 갖고 정치를 해 효율적이야.

프랑스의 의원들이 헌법을 수정할 때 모이는 베르사유 궁전.

대통령제와 의원 내각제

한·걸·음·더

정부는 국민에게 위임받은 통치권을 행사하는 기관이에요. 입법부, 행정부, 사법부를 통틀어 이르는 말이지요. 좁은 의미로는 행정부와 그에 속한 행정 기구만을 뜻하기도 해요. 그래서 대통령이 바뀔 때마다 새로운 정부가 들어섰다고 말하며 대통령의 이름을 붙여 '○○○ 정부'라고 불러요.

정부는 입법부와 행정부의 관계에 따라 대통령제와 의원 내각제로 나뉘어요. 대통령제는 입법부와 행정부가 엄격히 분리되어 있고 대통령이 행정부를 대표하는 형태예요. 미국에서 시작되었으며 우리나라와 프랑스, 러시아 등이 이 제도를 따르지요. 의원 내각제는 입법부에 행정부가 속한 형태로, 수상이나 총리가 실질적 권한을 갖고 대통령이나 왕은 국가를 대표하는 상징적인 역할을 해요. 영국에서 처음 시작되었고 독일, 일본, 네덜란드 등이 이 제도를 채택했어요.

대통령제

안녕! 나는 미국의 애나야. 워싱턴 D.C. 펜실베이니아에는 우리나라 정부를 대표하는 하얀 건물, 백악관이 있어. 이곳이 바로 미국 정치의 중심지야. 조지 워싱턴 대통령을 시작으로 2020년까지 45명의 대통령이 이곳에서 우리나라를 대표해 일했어.

우리나라는 대통령을 중심으로 행정부가 구성되고, 입법부, 사법부가 각각 독립적으로 일해. 대통령제는 우리나라가 영국에서 독립할 때 만든 제도야. 당시 영국에 대항할 힘을 키우기 위해서는 각 주 의회들을 연합하고 대표할 권력이 필요했거든.

대통령제의 장점은 대통령이 의회의 영향을 받지 않고 나랏일을 독립적으로 추진할 수 있다는 거야. 그래서 강력한 리더십을 발휘하며 국정 운영을 할 수 있지. 그러나 욕심 많은 대통령이 선출된다면 권력을 독차지해서 독재 정치를 할 우려가 있고, 의회와 대통령의 의견이 다를 때 여론이 분열될 수 있어.

의원 내각제

안녕, 나는 영국의 론이야. 우리나라는 대통령이 없단다. 입법부인 의회가 중심인 의원 내각제로 나라를 운영하고 있거든.

우리나라는 입법부와 행정부가 밀접한 관계를 맺고 있어. 입법부인 의회의 다수당 대표가 행정부를 이끄는 총리(혹은 수상)가 되고 이 행정부를 내각이라고 부르지. 의회와 내각은 긴밀하지만, 서로 견제하면서 균형을 이뤄.

의원 내각제는 국민의 요구를 정책에 잘 반영할 수 있기 때문에 책임 있는 정치를 할 수 있어. 하지만 의회에서 세력이 강한 당에게 권력이 집중될 수 있어. 반대로 의회에 의석수가 적은 당이 많으면 의견을 모으기가 쉽지 않아 나라를 안정적으로 운영하기 어려울 수 있지.

국가 원수가 뭔가요?

원수(元首)는 우두머리라는 뜻입니다. 국가 원수는 국가의 우두머리, 즉 최고 지도자를 의미하지요. 나라 밖으로는 국가를 대표하고 안으로는 최고 지도자로서 역할을 수행해요. 대통령제에서는 보통 대통령이 국가 원수가 되고, 의원 내각제에서는 왕이나 총리가 국가 원수가 됩니다.

국가의 살림꾼, 행정 기관

입법 기관에서 만든 법을 토대로 나랏일을 하는 곳은 어디일까요? 바로 행정 기관이에요. 대통령이 이끄는 행정 기관에 대해 자세히 알아봐요.

민주초등학교 식중독 사건의 전말을 밝혀라!

○월 ○일 오후 4시 행복시 교육청

김 주무관은 행복시 교육청에서 일하는 공무원이에요. 여름이 되면 학교 급식을 담당하는 김 주무관은 아주 바빠요. 날씨가 더워서 식중독 위험이 높아지기 때문이지요. 김 주무관은 오늘도 식중독 예방법을 알리는 홍보물을 만들고 있었어요. 저녁으로 자장면을 먹을까 짬뽕을 먹을까 고민하면서 말이에요. 그때 전화벨이 울렸어요.

"네, 행복시 교육청 김민석입니다. 무엇을 도와 드릴까요?"

주문 음식을 떠올리며 살짝 미소 짓던 김 주무관의 얼굴이 금세 굳었어요.

"뭐라고요? 민주초등학교 학생들이 단체로 식중독에 걸렸다고요? 학생들은 어느 병원에 있나요? 네, 네. 곧 조사팀을 꾸려

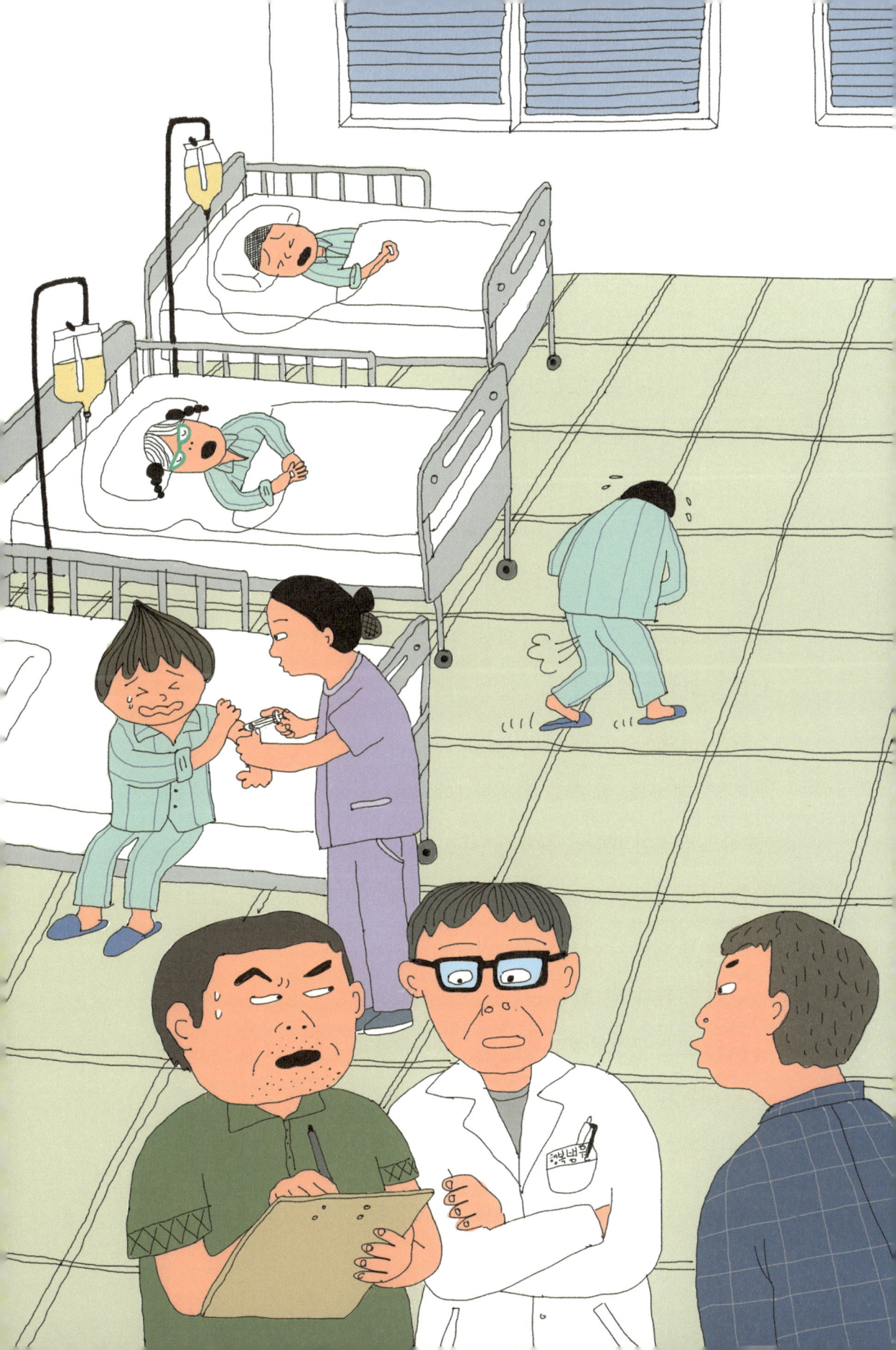

서 가겠습니다."

김 주무관은 하던 일을 급히 정리하고 민주초등학교 학생들이 있는 병원으로 향했어요.

행복 병원에는 학생들 50명이 입원해 있었어요. 민주는 눈을 질끈 감고 피 검사를 받고 있었고, 정치는 화장실을 들락거리느라 얼굴이 반쪽이 됐지요.

"아이고, 배야! 배 속에서 전쟁이 났나 봐."

"잠깐! 내가 먼저 화장실 갈 거야!"

학생들은 복통을 호소하다가 링거를 맞고 겨우 잠이 들었어요. 김 주무관은 보건소 위생과에서 나온 변 팀장과 함께 담당 의사를 만나 이야기를 들었어요.

"검사 결과, 식중독이 맞습니다. 아마도 오염되거나 상한 식품을 먹은 것 같아요. 한 학교 학생들에게 같은 증상이 나타난 것을 보면 학교 급식이 원인인 것 같습니다."

"학교 급식이 문제일 수 있단 말씀이시군요? 알겠습니다. 일단 학생들을 잘 돌봐 주시길 바랍니다."

김 주무관과 변 팀장은 민주초등학교로 향했어요. 이미 선생님과 학부모로 구성된 학교 급식 대책반이 꾸려져 있었지요. 식품 의약품 안전처 위생과에서도 조사를 하러 왔어요.

변 팀장은 먼저 급식이 오염되었는지 검사하기 위해 학생들이 먹은 급식을 보건소로 보냈어요. 그리고 김 주무관과 함께 급식실에 남은 식품들을 조사했지요. 곧 변 팀장이 냉장고 한쪽에서 수상쩍어 보이는 소시지를 발견했어요.

"김 주무관님, 이것 좀 보세요! 이 소시지 유통 기한이 2주일이나 지난 것 맞죠?"

김 주무관이 소시지 봉지에 쓰여 있는 유통 기한을 확인하고 깜짝 놀랐어요. 변 팀장은 식품 의약품 안전처의 최 팀장과 또 다른 문제가 없는지 조리실을 샅샅이 뒤졌어요.

김 주무관은 학교에 식재료를 납품한 사람을 조사하기 위해 교장 선생님과 영양사 선생님, 조리 담당 선생님을 만나러 다녔어요. 저녁도 못 먹고 조사가 이어졌지요.

김 주무관에게는 내일도 바쁜 하루가 기다리고 있어요. 민주초등학교 급식에 또 다른 문제점은 없는지 교육부에서 곧 조사하러 나올 예정이거든요. 그 전에 조사한 내용을 정리해서 보고해야 했지요. 그래도 김 주무관은 내일 저녁은 꼭 자장면과 탕수육을 먹어야겠다고 생각했어요.

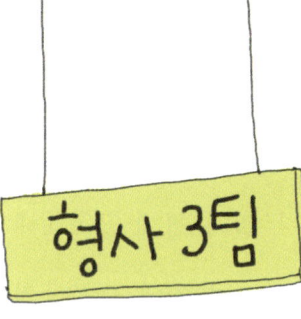

○월 ○+1일 오후 1시 행복시 감동구 경찰서

민주초등학교에 식재료를 납품한 그린 식품 곽 사장이 경찰서에 붙잡혀 왔어요. 어제 민주초등학교 냉장고에서 유통 기한이 지난 식재료가 많이 발견되었거든요. 서류에는 분명 유통 기한이 남은 식재료라고 적혀 있었지만, 실제로 납품된 재료는 유통 기한이 지난 것들이었지요.

"언제부터 이랬어요?"

이태영 경사는 곽 사장에게 언제부터 유통 기한이 지난 식재료를 납품했는지, 식재료 검사는 어떻게 통과했는지 캐물었어요.

"언제부터긴요. 민주초등학교는 이번이 처음이라고요. 예전에 그랬던 건 벌금을 다 냈어요. 우리 조카가, 아니, 최 영양사가 제대로 확인하지 못했을 뿐이에요. 실수라고요."

조사해 보니, 곽 사장은 5년 전에도 동네 중학교에 유통 기한이 지난 식재료를 납품했고, 곽 사장과 민주초등학교의 최 영양사가 친척이라는 사실이 밝혀졌어요. 최 영양사는 곽 사장이 민주초등학교에 식재료를 납품할 수 있도록 도왔고, 식재료 상태를 철저히 확인하지 않았지요. 그런데도 곽 사장은 억울하다는 듯 말했어요.

"유통 기한 며칠 지난 음식을 먹었다고 큰일이 나지는 않는다고요!"

"이 사람이! 아직도 문제가 얼마나 심각한지 파악하지 못했군요! 정신 차리세요!"

곽 사장은 내일 검찰에서 조사받게 될 거예요. 물론 최 영양사도 함께 말이에요. 검찰 조사가 끝나면 곽 사장이 재판을 받을지 안 받을지 결정될 거예요.

나라 살림을 책임지는 행정부

나라를 운영하는 일, 행정

행정은 법에 따라 나라를 통치하는 일이에요. 다시 말해 나라가 잘 운영될 수 있도록 나라 살림을 하는 거예요. 가정에서 부모님이 살림을 맡아 가정 경제를 책임지는 것처럼 말이에요. 덕분에 우리가 편안하게 살 수 있지요. 나라도 마찬가지예요. 나라에는 학교도 있어야 하고, 도로나 터널도 필요해요. 국민이 잘살 수 있도록 경제 정책도 세워야 하고 다른 나라와 교류도 해야 하지요.

이처럼 나라가 잘 운영될 수 있도록 나라 살림을 도맡아 행정하는 기관이 행정부, 또는 정부예요.

행정부의 구성

행정부는 대통령, 국무총리, 국무 위원과 여러 기관들로 이루어져 있어요. 나라의 살림살이는 규모가 아주 크기 때문에 여러 사람과 기관이 힘을 모아야 해요.

대통령은 행정부의 우두머리예요. 나라 밖에서는 우리나라를 대표하고, 안에서는 최고 통치자 역할을 하지요. 대통령 비서실, 경호처, 국가

안보실은 대통령을 도와 일해요. 국가 인권 위원회, 감사원, 국가 정보원, 방송 통신 위원회는 대통령의 명령을 직접 받아 나랏일을 하는 기관이지요.

국무총리는 행정부의 각 부와 처, 청들을 이끌어요. 대통령이 없을 때에는 대통령을 대신하지요. 국무 조정실과 국무총리 비서실이 국무총리의 업무를 도와요. 국무총리 밑에는 국가 보훈처, 금융 위원회 등의 직속 기관이 있어요.

행정부는 국무 회의를 통해 나라의 중요한 정책을 결정해요. 대통령이 의장, 국무총리가 부의장이고, 각 행정 기관의 장관들이 국무 위원이지요.

행정부가 하는 일

나라의 살림꾼 행정부

행정부는 국민들이 안전하게 살 수 있도록 사회 질서를 지키는 일을 해요. 도둑이나 법을 어긴 사람을 체포하고, 화재나 홍수가 났을 때 국민을 구하고, 다른 나라가 위협해 올 때 국민과 영토를 안전하게 지킨답니다. 국민들이 편하게 생활할 수 있도록 댐, 도로, 다리, 지하철 같은 공공시설을 만드는 것도 바로 행정부의 일이지요.

사회적 조건 때문에 어려움을 겪는 사람들에게 생활비를 지원하거나, 집을 빌려주는 정책도 실시해요. 어린이와 장애인, 노인이나 임산부같이 특수한 환경에 놓인 사람들을 위한 정책도 마련하지요.

행정부는 나라의 여러 가지 정책을 계획하고 실천하는 일도 해요. 외교, 경제, 과학 기술, 환경, 복지 같은 분야의 정책을 계획하고 실행에 옮겨 국민이 잘살 수 있도록 돕고, 더 나은 나라로 발전할 수 있도록 하지요.

지금부터 우리나라 행정부에 속한 여러 기관들이 어떤 일을 하는지 살펴보고, 혹시 더 필요한 부서는 없는지 곰곰이 생각해 볼까요?

우리나라 정부 조직

우리나라의 행정부는 18개의 부와 5개의 처 18개의 청으로 나누어져 있어요. 이 기관들은 국회에서 만든 법을 기준으로, 서로 협력하며 일한 답니다. 그럼 각 부처들이 어떤 일을 하는지 살펴볼까요?

- **국민을 보호하는 일을 하는 기관**

법무부, 국방부, 행정 안전부, 검찰청, 병무청, 방위 사업청, 경찰청, 소방청, 해양 경찰청

- **공공 시설을 관리하거나 서비스를 제공하는 기관**

교육부, 국토 교통부, 조달청, 산림청, 새만금 개발청

- **국민 생활과 문화, 복지를 위해 일하는 기관**

문화 체육 관광부, 보건 복지부, 고용 노동부, 환경부, 여성 가족부, 문화재청, 기상청, 질병 관리청

- **전문적인 정책을 실현하는 기관**

기획 재정부, 과학 기술 정보 통신부, 농림 축산 식품부, 산업 통상 자원부, 해양 수산부, 중소 벤처 기업부, 국세청, 관세청, 통계청, 농촌 진흥청, 특허청

- **세계와 교류하고 통일을 준비하는 기관**   외교부, 통일부

- **그 외 기관**   행정 중심 복합 도시 건설청

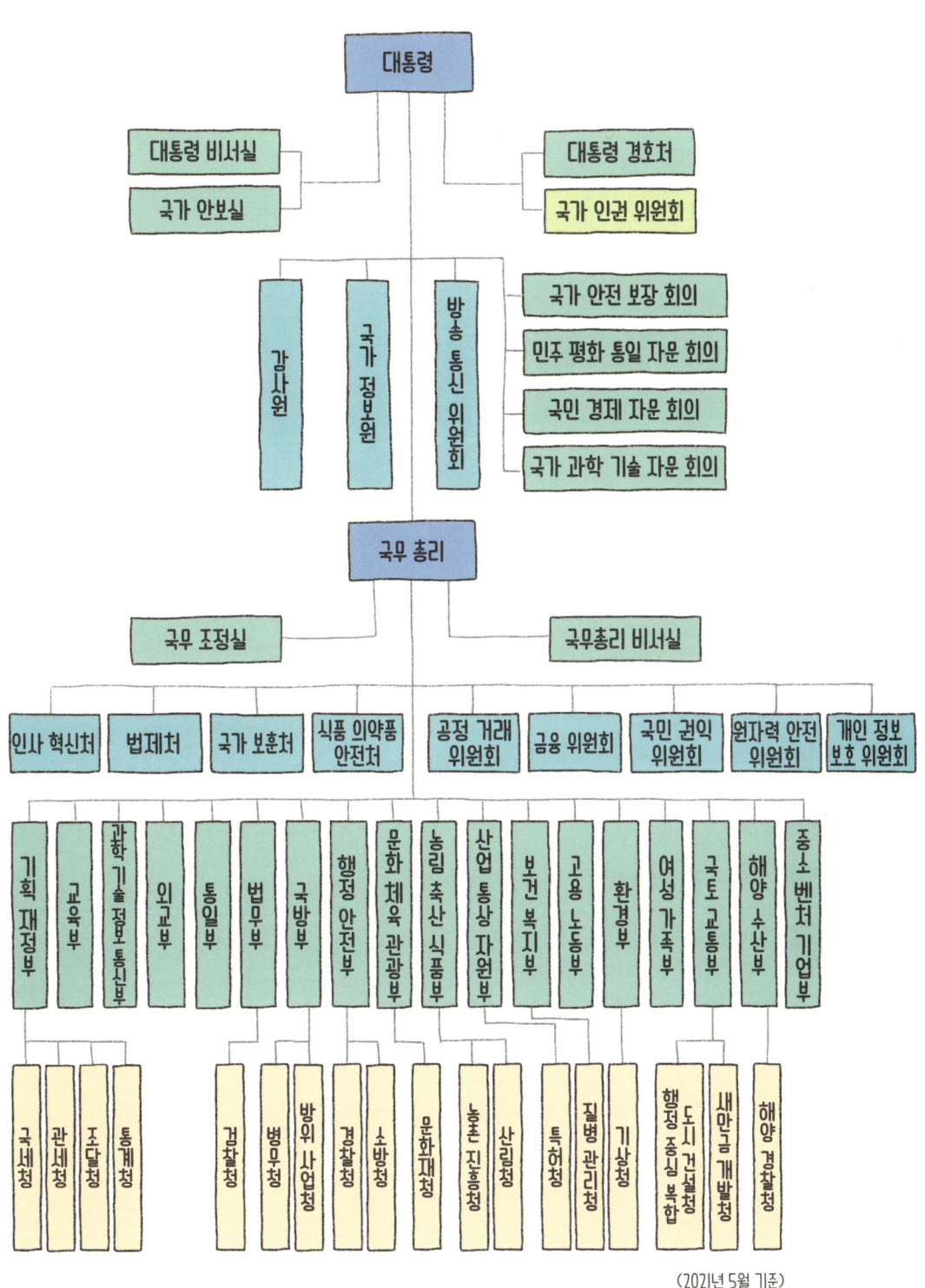

대통령을 만나다

안녕하세요. 민주초등학교 강민주입니다.

저는 민주초등학교 최정치입니다.

안녕하세요, 저는 대한민국 대통령 최대한입니다. 만나서 반가워요. 친구들은 무엇이 궁금해서 저를 찾아왔나요?

대통령은 우리나라의 국가 원수이자 행정부의 우두머리라고 들었습니다. 그렇다면 대통령님은 어떤 권한을 가지고 무슨 일을 하시나요?

네, 저는 국가 원수로서 다른 나라와 조약을 맺을 권한이 있습니다. 그리고 그럴 일이 없어야겠지만, 전쟁을 시작하기 전에 상대국에게 공식적으로 선전 포고를 할 권한이 있지요.

전쟁을 하려면 군대가 있어야 하는데, 그럼 대통령은 군대를 움직일 힘이 있다는 건가요?

맞아요. 대통령은 국군을 통솔*해요. 그리고 나라에 위급한 일이 있을 때는 '긴급 명령'과 '계엄'을 선포할 수 있어요.

'긴급 명령'과 '계엄'은 무엇인가요?

긴급 명령은 국가에 아주 위급한 일이 있을 때 국민의 자유와 권리

통솔 무리를 거느려 다스림.

를 제한할 수 있는 명령이에요. 계엄은 전쟁 같은 상황에서 국가의 질서를 유지하기 위해 행정권과 사법권을 군대에 넘기고 일시적으로 국민의 기본권을 제한하는 것이지요.

🙂 대통령이 군대를 통솔하기 때문에 가능한 일이군요.

🧑 그렇지요. 대통령은 행정부를 이끄는 일도 한답니다. 행정부가 나라 살림을 잘할 수 있도록 지휘하고 감독하며, 대법원장, 대법관, 헌법 재판소 재판관 일부를 비롯하여 행정부에 속한 공무원들을 임명하지요. 그 밖의 중요한 결정을 할 때 국민 투표를 실시할 수 있어요. 국무 회의를 이끌고, 국회가 만든 법을 거부하거나 법을 만들도록 제안하는 일도 해요.

🙂 정말 많은 일을 하시네요!

🧑 네, 그만큼 책임도 크지요. 예를 들어 나라의 영토를 지킬 의무, 헌법을 지킬 의무, 평화 통일을 위해 성실하게 노력해야 하는 의무가 있답니다. 쉬운 일은 아니지요.

🙂 생각만 해도 어려워요.

🧑 저는 대통령 취임식에서 임기 동안 의무를 다하겠다고 선서했답니다. 3년 전 그날 국회 앞마당에서 선서하던 때가 생각나는군요.

🙂 대통령님께서는 어떤 절차를 거쳐 대통령이 되셨나요?

🧑 5년 이상 국내에 거주한 40세 이상의 대한민국 국민이라면 누구나 대통령 선거에 출마할 수 있어요. 저는 대통령 선거에서 국민들의 소중한 표를 가장 많이 얻어 대통령이 되었지요. 이렇게 당선되면 5년 동안

대통령직을 수행합니다.

🧒 미국 오바마 전 대통령은 대통령을 두 번 했다고 들었어요. 대통령님도 여러 번 대통령을 할 수 있나요?

👨 아니요. 우리나라는 대통령을 한 번밖에 못 한답니다. 임기가 5년인 대통령을 한 번만 할 수 있다고 해서 '5년 단임제'라고 해요. 독재 정치의 역사가 있기 때문에 헌법에 대통령을 한 번만 하도록 제한해 놓았지요.

🧒 네, 말씀 감사합니다. 바쁘신데 시간 내 주셔서 감사합니다.

행정부의 공간, 청와대

서울시 종로구 북악산 자락에는 푸른 기와를 얹고 위풍당당하게 서 있는 청와대가 있어요.

청와대가 위치한 곳은 역사가 깊은 자리예요. 고려 시대 문종은 이 자리를 남쪽의 도읍으로 정하고 궁을 세웠어요. 그 후, 조선 시대에 경복궁의 커다란 정원으로 쓰이며 '경무대'라고 불렸어요. 일제 강점기에는 조선 총독부의 관사가 세워졌고, 독립 이후에는 미군 사령관이 머물렀어요.

1948년, 대한민국 정부가 수립되면서 '경무대'란 이름을 되찾고, 이승만 대통령이 사용하기 시작했지요. 윤보선 대통령 때 '청와대'로 이름을 바꿨고, 노태우 대통령 때 본관을 새로 지어 대통령 집무실로 사용했답니다. 2022년, 정부는 청와대를 국민에게 개방하고, 대통령 집무실을 이전했어요.

청와대에 들어갈 수 있다고요?

청와대 홈페이지에서 예약을 하면 청와대 곳곳을 관람할 수 있어요.

청와대 관람 신청 청와대 홈페이지(https://www.opencheongwadae.kr)

딱새와 함께 살펴보는 청와대 이모저모

나는 청와대에 사는 딱새야.
우리 할머니의 할머니 때부터 이곳에
살고 있어서 청와대를 잘 알고 있단다.
청와대를 구경하고 싶다고?
그럼 나를 잘 따라와 봐.

❶ **본관** 나무로 짜서 만들었어. 지붕에는 푸른 기와 약 30만 장을 얹었지. 본관에는 대통령이 나랏일을 보던 집무실과 여러 사람들과 만나 식사를 하거나 회의를 한 공간이 있어.

❷ **영빈관** 18개의 돌기둥이 떠받치고 있는 웅장한 건물이야. 외국의 대통령이나 총리가 방문했을 때 연회*를 여는 장소야.

* **연회** 여러 사람이 모여 여는 잔치.

❸ **관저** 대통령과 가족들이 생활하던 공간이야.

❹ **상춘재** 외국 손님이 방문하면 우리의 전통을 소개하고 비공식적인 회의를 한 장소야. 한옥 건물이지.

❺ **녹지원** 청와대 안의 정원이야. 조선 시대에는 경복궁의 정원으로 쓰였고, 과거를 보는 장소로 이용되기도 했어. 지금은 야외 행사장으로 쓰인단다.

❻ **여민관** 청와대 비서진들이 머문 공간이야.

❼ **춘추관** 대통령이 기자 회견을 하던 장소야. 청와대 출입 기자들의 사무실도 이 건물에 있었지. 고려, 조선 시대에 역사 기록을 관리하던 관아인 춘추관에서 이름을 따왔어.

정부 바로 세우기: 부마 민주 항쟁

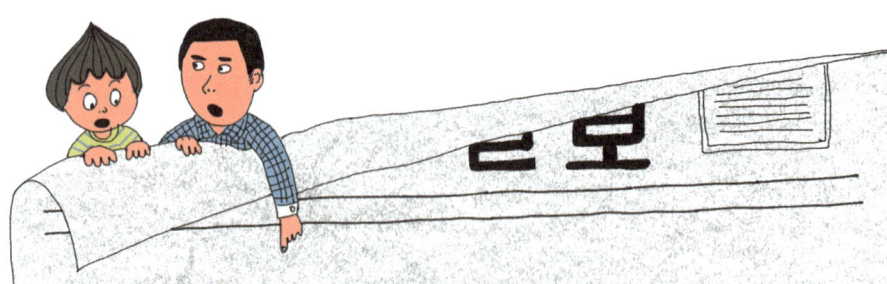

유신 철폐! 부산대생 5년 침묵을 깨다

1979년 10월 16일, 부산 대학교 학생 시위대가 거리로 나섰다. 남포동과 광복동을 오가며 "유신 철폐, 독재 타도!"와 "언론 자유!"란 구호를 외쳤다. 경찰은 학생들에게 최루탄을 던지고 방망이를 휘둘렀다. 시민들은 시위대에게 열띤 지지를 보내며 김밥, 빵, 우유, 달걀, 음료수를 건네고, 학생들이 경찰에 쫓겨 가게로 들어가면 셔터를 내려 숨겨 주는가 하면, 경찰에게 연탄재, 화분, 재떨이, 병 등을 던져 시위 진압을 방해하기도 했다. 여러 시민들과 고등학생이 시위에 합세해 시위대는 수천 명으로 불어났다.

시위가 걷잡을 수 없이 확대되자 정부는 부산 지역에 비상계엄을 선포하고 군대를 투입했다. 얼굴에 흙칠을 하고 완전 무장한 군인들은 참나무를 깎아 만든 몽둥이로 시민들에게 폭력을 휘둘렀다.

2천여 명의 시위대는 "계엄 철폐, 독재 타도"를 외치며 계엄군이 지키는 시청 앞으로 나아갔다. 하지만 군대가 대검을 꽂은 총을 휘두르고 최루탄을 쏘며 무자비하게 진압해 시위대와 수많은 시민들이 부상을 당했다.

- 1988. 10. 18 ○○신문 -

🧑 오늘은 1979년 10월에 일어난 부마 민주 항쟁에 관한 기사로 수업을 시작해 볼게.

👦 부마 민주 항쟁이 뭐예요?

🧑 부산과 마산에서 민주주의를 지키기 위해 시민들이 들고일어난 사건이야.

👧 기사를 보니, 학생들이 시위를 시작하고 시민들이 시위를 지지했네요. 그리고 무장한 군대가 사람들을 잡아갔나 봐요. 그런데 유신 철폐, 독재 타도가 무슨 말이에요?

🧑 먼저 유신은 낡은 제도를 새롭게 바꾼다는 뜻이야. 낡은 것을 새롭게 만든다는 명목으로 헌법을 고친 것을 말해. '유신 철폐'는 고친 헌법을 없애란 말이지. 그리고 독재는 한 사람이 권력을 잡고 자기 뜻대로 정치를 하는 거야. '독재 타도'란 독재 정치를 하지 말라는 뜻이야.

👦 그럼 그때 누가 독재 정치를 했나 봐요.

🧑 민주야, 1979년에 우리나라 대통령이 누구였는지 아니?

👧 검색해 보니까 박정희 전 대통령이에요. 그런데 박정희 대통령은 1963년부터 1979년까지 우리나라의 5~9대 대통령을 했네요. 우아, 정말 오래 했는데요.

🧑 맞아. 그럼 처음 박정희 대통령이 어떻게 뽑혔는지 아니?

👦 선거를 통해 대통령이 되었겠지요.

🧑 아니야. 군인이던 박정희는 1961년 5월 16일에 총칼로 무장한 부하 3500여 명을 이끌고 서울로 올라왔어. 정부 기관과 방송국 등을 점령하

91

고 강제로 정권을 빼앗아 대통령이 되었지. 이렇게 무력으로 정권을 빼앗는 일을 '쿠데타'라고 해.

🧒 민주주의 국가에서 군인들을 앞세워서 대통령이 되었다고요?

👨 그랬단다. 게다가 박정희 대통령은 헌법이 정한 임기가 끝났는데도 헌법을 고쳐 다시 대통령이 되었어. 선거를 통하지 않고 말이야.

🧒 민주주의는 국민이 주인인데, 선거도 하지 않고 지도자를 뽑으면 민주주의 국가가 아니지 않나요?

👨 그래서 여기저기에서 유신 헌법에 반대하는 시위가 열렸단다. '유신 철폐', '독재 타도'를 외치며 말이야. 부산과 마산의 학생과 시민들도 시위를 했어. 그런데 강하게 진압을 해도 시위가 점점 커지자 박정희 대통

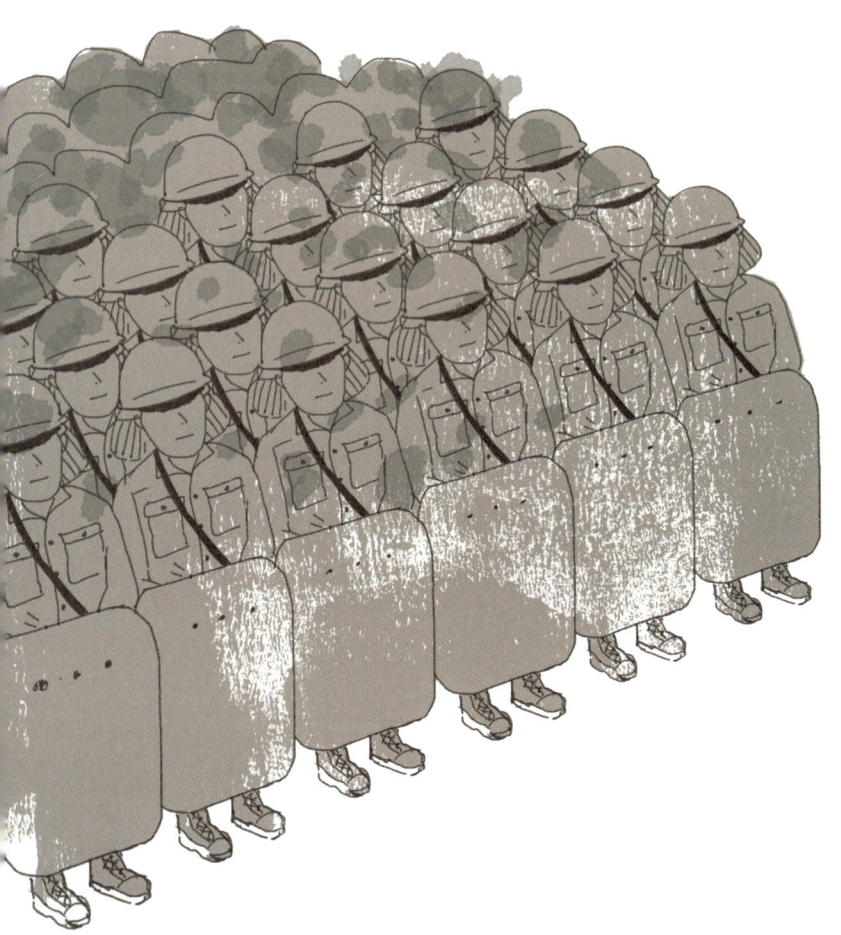

령은 계엄령을 선포했어. 의심이 가는 사람이나 시위대에게는 폭력을 휘둘렀지.

😮 계엄령은 대통령이 아무 때나 내릴 수 있어요?

🙂 계엄령은 원래 전쟁같이 국가가 유지되기 어려운 위급한 상황일 때 질서를 유지하기 위해 사용하는 거야. 하지만 박정희 대통령은 헌법 개정에 반대하는 시민들을 폭행하고 잡아가기 위해 계엄령을 내렸지.

😮 우리나라 헌법에는 집회, 시위에 대한 자유가 보장되어 있잖아요.

🙂 맞아. 민주주의 국가의 주인은 국민이기 때문에 결국 권력을 마음대로 휘두르던 정권은 무너졌단다.

다양한 민주주의: 세계의 대통령 선거

1789년 2월 4일, 세계 최초의 대통령 조지 워싱턴이 미국 대통령으로 당선된 뒤, 세계 여러 나라에서 대통령제를 도입했어요. 대통령을 뽑는 방법은 나라마다 모두 같을까요? 물론 그렇지 않아요. 각 나라별로 역사와 문화가 다르기 때문에 대통령을 뽑는 방법도 다양하답니다. 우리나라를 비롯한 미국, 프랑스의 대통령 선거를 비교해 봐요.

대한민국

안녕? 난 민주야. 대한민국은 1948년, 이승만 대통령을 첫 대통령으로 뽑은 뒤, 2022년 윤석열 대통령까지 20회의 선거로 열세 명의 대통령이 나왔어. 그중 일곱 번은 국회나 국민이 직접 뽑은 대표 단체가 투표를 통해 대통령을 뽑는 간접 선거로 당선되었어. 무효 처리된 선거를 포함해 열세 번은 국민이 직접 투표해 대통령을 뽑는 직접 선거로 당선되었지.

오늘날에는 직접 선거로 대통령을 뽑아. 만 18세

대한민국은 만 18세 이상이면 누구나 대통령 선거 투표에 참여할 수 있어.

이상이면 누구나 대통령 선거에 참여할 수 있어. 만 40세 이상이고 대한민국에서 5년 이상 산 사람이면 정당의 추천이나, 선거권자 3500~6000명의 추천을 받아 대통령 후보로 나갈 수 있어. 후보들이 경쟁을 해 국민들의 표를 가장 많이 얻는 사람이 대통령이 된단다.

대통령 후보자가 1명밖에 없으면 어떻게 되나요?

만약 대통령 후보자가 1명일 경우에는 선거권을 가진 사람들의 3분의 1 이상이 찬성해야 당선됩니다. 후보가 여러 명인데 가장 많은 표를 얻은 후보가 2명 이상일 경우에는 국회 의원 절반 이상이 모인 공개 회의에서 다수표를 얻은 후보를 대통령으로 정합니다.

프랑스

안녕? 난 프랑스의 니콜이야. 프랑스는 1848년에 직접 선거로 대통령을 뽑기 시작해서 지금까지 25명의 대통령이 나왔어. 프랑스도 의회가 선거를 하는 간접 선거를 한 적이 있다고 해. 하지만 지금은 직접 선거로 대통령을 선출해.

프랑스에서는 대통령 선거에서 과반수 이상을 차지한 후보가 없으면 재투표를 해.

프랑스는 대통령 선거를 보통 두 번에 걸쳐 치뤄. 1차 투표에서 한 후보가 과반수 이상의 표를 얻으면 대통령이 확정돼. 하지만 이런 일은 거의 없어. 보통 1차 투표에서 가장 많은 표를 얻은 후보 두 명을 두고 2차 투표를 하지. 여기서 많은 표를 얻은 후보가 대통령이 된단다.

미국

나는 미국의 애나야. 미국은 세계에서 가장 먼저 대통령을 선출한 나라야. 그런데 우리나라는 1년이 넘는 긴 시간에 걸쳐 대통령을 뽑아. 연방제 국가이기 때문이지.

미국의 대통령 선거는 대통령 후보를 정하는 과정과 대통령을 뽑는 과정, 두 단계로 나뉘어 있어. 먼저 각 주에서 정한 대의원들이 대통령 후보를 선택해. 그리고 일반 국민인 유권자들이 대통령 선거인단에 투표해. 선거인단은 유권자를 대신해 대통령을 직접 뽑는 사람들이야. 대통령 선거인단은 자신이 지지하는 대통령과 부통령 후보에 미리 서약하고 그대로 투표하기 때문에 유권자들은 자신이 원하는 후보를 지지하는 선거인단에 투표를 해. 특이한 점은 가장 많은 표를 얻은 선거인단이 그 주의 모든 득표수를 가져간다는 거야. 그렇기 때문에 대

> 미국의 선거는 후보를 정하는 과정과 대통령을 뽑는 과정으로 나뉘어 있어!

통령이 되려면 선거인단이 많은 주에서 이기는 것이 중요하지. 이 제도 덕분에 45대 대통령 선거에서 득표수가 더 많았던 힐러리 클린턴을 누르고 도널드 트럼프가 당선되었단다.

한·걸·음·더 풀뿌리 민주주의 지방 자치 제도

중앙 정부가 각 지역의 모든 문제를 해결하기는 어려워요. 각 지역마다 특성과 해결해야 할 문제가 다르기 때문이에요. 그래서 각 지역 주민들이 지역 문제를 직접 처리하는 지방 자치 제도를 시행하지요. 흔히 지방 자치 제도를 지역 주민들이 가장 필요로 하는 일을 찾아 해결하면서 민주주의를 꽃피운다고 해서 '풀뿌리 민주주의'라고도 해요.

지방 자치 단체는 광역 자치 단체와 기초 자치 단체로 나눌 수 있어요. 넓은 지역을 의미하는 광역 자치 단체에는 특별시, 광역시, 도에 있는 행정 기구와 의회가 있어요. 기초 자치 단체에는 시·군·구의 행정 기구와 의회가 있지요. 이들 기관은 마치 국가의 행정부와 국회처럼 서로 견제하고 협력해 일을 해 나가요.

그러니까 정치가 사는 서울특별시는 광역 자치 단체로 시청과 시 의회가 있고 서울특별시장과 서울시 의회 의원들이 시를 위해 일해요. 서울특별시의 기초 자치 단체로는 각 구의 구청과 구 의회가 있지요.

자치가 살고 있는 충청북도도 마찬가지예요. 광역 자치 단체로는 충청북도 도청과 충정북도 의회가 있고, 기초 자치 단체로는 군청과 군 의회가 있지요.

도시의 지방 자치 제도

안녕? 나는 서울특별시 감동구에 살고 있는 정치야. 서울은 대한민국의 수도로 인구가 많고 상업 시설이 발달해 있어. 특히 내가 살고 있는 감동구는 요즘 들어 주택가 골목골목마다 식당과 카페들이 많이 생겨서 사람들이 모여들고 있어. 그러다보니 주차할 곳이 부족해 골목마다 주차 전쟁이 벌어지고 있어. 이런 우리 지역의 문제를 정부에서 일일이 다 알고 해결해 주기는 어렵대. 그래서 우리 부모님은 지난해 지방 선거를 통해 지역 주민들을 대표해 우리 지역의 일을 맡아서 할 사람들을 뽑았어. 서울시장, 감동구 구청장 같은 지방 자치 단체장과 시의회, 구의회에서 일할 지방 의회 의원말이야. 이렇게 선거로 뽑힌 대표들은 공영 주차장을 늘리는 문제를 비롯하여 우리 지역 곳곳의 현안을 해결할 방안을 마련하고 있어.

지방의 지방 자치 제도

안녕? 나는 정치의 사촌 자치야. 나는 충청북도 행복군에 살고 있어. 우리 충청북도는 농촌 마을이 많아. 특히 내가 살고 있는 행복군은 젊은 사람들은 도시로 떠나고, 할머니, 할아버지들이 대부분이야. 그래서 일손이나 교육 시설이 부족해. 그 때문에 우리 지역 도 의회나 군 의회에서는 젊은 사람들이 늘어날 수 있도록 교육 시설을 늘리는 방안을 마련하고 있어. 관련 법을 만들고, 예산을 편성하지. 이 외에도 주민들의 요구 사항을 처리해.

법 앞에 공평한 집행자, 사법기관

법을 어기고 민주초등학교 급식 사건을 일으킨 곽 사장과 최 영양사는 어떻게 될까요? 법을 해석하고 적용하는 사법 기관을 찾아가 알아볼 차례예요.

곽 사장, 법의 심판을 받다!

◯월 ◯+25일 오후 2시 서울 중앙 지방 법원

곽 사장은 법정에 앉아 있었어요. 경찰 조사 결과, 유통 기한이 지난 식재료를 조카인 최 영양사의 묵인 아래 민주초등학교에 납품한 사실이 드러났거든요. 이 사건은 곧 검찰로 넘어갔고, 담당 검사인 나윤정 검사가 사건에 대해 조사한 다음, 법원에 심판을 요청해 재판이 열렸어요.

나 검사가 피고인 곽 사장을 심문했어요.

"지난 3년 동안 민주초등학교에 유통 기한이 지난 식재료를 납품한 사실이 맞습니까?"

"네, 맞습니다. 하지만……."

나 검사가 싸늘하게 말을 끊고 다시 물었어요.

"민주초등학교 학생들이 집단 식중독을 일으킨 날, 급식실에서 유통 기한이 2주일이나 지난 소시

지와 오징어가 발견되었습니다. 이것 말고도 유통 기한이 지난 식품을 납품한 일이 있습니까?"

"유통 기한이 살짝 지나서 버리기 아까운 어묵이랑 햄, 달걀 정도밖에 없어요. 몇 번뿐이었다고요."

"피고는 언제부터 유통 기한 지난 식품들을 납품했습니까?"

곽 사장이 난처한 듯 머리를 긁적이기만 할뿐 대답을 못 하자, 나 검사가 대신 말했어요.

"장부를 조사해 보니 3년 전부터 민주초등학교에 납품을 시작했군요. 그때부터 싸게 구입한 유통 기한이 지난 식재료를 비싸게 납품한 것으로 되어 있는데요?"

"그렇게 비싸게 팔지는 않았어요. 그리고 아이들이 탈이 날 거라고는 생각하지 못했습니다. 아이들에게는 정말로 미안합니다."

나 검사가 날카로운 목소리로 물었어요.

"민주초등학교에는 어떻게 납품을 시작했습니까? 최 영양사의 도움이 있었습니까?"

"네, 조카가 소개했어요. 5년 전 급식 문제를 일으킨 후에 저를 받아 주는 학교가 별로 없었거든요."

"그렇다면 유통 기한이 지난 재료를 납품하는 것을 조카인 최 영양사가 알고 있었습니까?"

"조카는 아무것도 몰라요."

나 검사의 목소리가 높아졌어요.

"이미 다 알고 있었다는 증언이 나왔는데 왜 자꾸 속이려고 합니까? 최 영양사에게 대가를 준 적 있습니까?"

"대가라기보다는 그냥 용돈이지요. 삼촌이 주는 용돈요."

나 검사의 목소리가 다시 커졌어요.

"용돈으로 천만 원을 줍니까?"

곽 사장이 아무 말도 못하고 눈만 끔뻑거렸어요.

"재판장님, 곽 사장은 조카인 최 영양사에게 뇌물을 주고 유통 기한이 지난 식재료를 민주초등학교에 납품해서 부당 이득을 취했습니다. 더군다나 5년 전 동네 중학교에 불량 식품을 납품하다가 벌금형을 받은 적이 있습니다. 뉘우침 없이 같은 문제를 일으킨 곽 사장에게 벌금 5천만 원에 징역 2년을 구형합니다."

곽 사장 옆에 있던 박 변호사가 일어나서 곽 사장을 변호했어요.

"피고인 곽 사장이 민주초등학교에 유통 기한이 지난 식재료를 납품한 것은 사실이지만, 대부분 일주일이 넘지 않았던 점으로 볼 때, 아주 악의적이라고는 할 수 없습니다. 본인도 뉘우치고 있으니 선처해 주시길 바랍니다."

판사가 말했어요.

"판결은 열흘 뒤에 하겠습니다."

○월 ○+35일 서울 중앙 지방 법원

곽 사장은 변호사와 다시 법정에 앉았어요. 곽 사장은 자꾸만 식은땀이 났어요. 이제 재판장이 선고할 차례예요.

"피고인 곽 사장은 여러 학교에 유통 기한이 지난 식재료를 오랫동안 납품해 왔습니다. 게다가 얼마 전 피고인이 식재료를 납품한 학교에서 대규모 식중독 사태에 벌어졌습니다. 학교 급식 재료로 불량 식품을 납품한 곽 사장은 학교 급식법에 따라 처벌할 수 있습니다. 그러나 피고가 자신의 잘못을 시인하고 뉘우친 점을 고려해 법원은 피고인 곽 사장에게 벌금 2천만 원과 6개월의 징역을 선고합니다."

곽 사장은 법원의 판결에 따라 대가를 치르게 되었어요.

한 손에는 법전, 한 손에는 저울을 든 사법부

법에 따라 판단하는 사법부

만약 이웃의 담이 우리 땅으로 넘어왔거나, 다른 사람이 퍼뜨린 유언비어 때문에 정신적 피해를 입었다면 어떻게 해야 할까요? 또 폭력을 휘두르거나 사기를 쳐서 다른 사람에게 큰 피해를 입힌 사람들은 어떻게 처벌해야 할까요?

사회에는 사람과 사람 사이의 갈등을 해결하고, 죄지은 사람을 벌주기 위해 법이라는 기준이 필요해요. **사법부는 법을 해석하고 법에 따라 판결을 내려서 사회 질서를 유지하고, 인권을 보호하는 일을 하지요.**

사법부의 독립

만약 A라는 사람이 스쿨 존*에서 음주 운전으로 다른 사람을 심하게 다치게 했는데, 국회 의원인 A의 형이 A가 가벼운 벌을 받도록 법원에 압력을 가했다면 어떨까요? 그 국회 의원이 법관의 승진에 간섭할 수 있

스쿨 존 어린이를 교통사고에서 보호하기 위해 설정한 구역. 주로 초등학교와 유치원 근처의 도로이며, 자동차의 운행 속도가 제한된다.

는 위치에 있다면요? 아마 법원은 잘못한 사람에게 올바른 벌을 주지 못할 거예요. 그래서 헌법에서는 법원이 다른 사람의 간섭을 받지 않고 오직 법과 헌법에 의해서만 판결을 내릴 수 있도록 사법부의 독립을 보장한답니다. 대법원장과 대법관은 대통령이 임명하지만, 다른 법관들은 대법원장이 회의를 거쳐 임명해요. 법관은 탄핵이나 징역 이상을 선고 받지 않는 한 파면되지 않지요. 징계 처분이 아니라면 일을 못하게 하거나 월급을 깎을 수도 없어요. 모두 사법부가 오로지 법을 기준으로 누구에게나 공정한 판단을 내릴 수 있도록 하기 위해 정한 것이지요.

사법부가 하는 일

법원은 법에 따라 재판을 하는 사법 기관이에요. 재판은 다툼이 생겼을 때 법원에서 절차에 따라 법적으로 죄의 여부를 판단하는 일을 말해요. 재판은 사건의 성격에 따라 여러 종류가 있답니다.

민사 재판

민사 재판은 개인 사이에 일어난 다툼을 해결하기 위한 재판이에요. 민주초등학교에 다니는 정치는 수영 선수가 꿈인데, 이번 급식 사고 때문에 아주 중요한 수영 시합에 나가지 못했어요. 이 경우 개인인 정치의 부모님이 개인인 곽 사장에게 피해 보상금을 요구하기 위해 법원에 소장이라는 서류를 제출하면 민사 재판이 시작됩니다.

이렇게 재판을 통해 법원에 갈등을 해결해 달라고 요청하는 것을 '소송'이라고 해요. 소송을 제기한 정치의 부모님을 '원고'라고 하고, 소송을 당한 곽 사장을 '피고'라고 해요. 원고와 피고 모두 재판에서 자신들의 입장을 대신 설명해 줄 변호사를 선임할 수 있어요. 판사는 원고측과 피고측이 제출한 증거와 이야기를 바탕으로 누구에게 책임이 있는지 판결하지요.

형사 재판

형사 재판은 범죄를 저질러 사회 질서를 어지럽히는 사람들이 받는 재판이에요. 바로 민주초등학교에 유통 기한이 지난 음식을 납품한 곽 사장의 경우지요.

형사 재판은 원고가 소송을 제기하는 민사 재판과 달리, 검사가 범죄를 저질렀을 가능성이 있는 사람을 상대로 법원에 재판을 신청해요. 이것을 '공소'라고 하는데 공소를 한 뒤에는 범죄 혐의가 있는 사람을 '피고인'이라고 해요. 검사가 공소를 하면 '공판'이 열려요. 형사 사건에 대한 재판을 가리키는 말이지요.

검사는 피고인의 범죄 사실을 밝혀내고 그에 알맞은 벌을 판사에게 제시하지요. 이것을 '구형'이라고 해요.

변호인은 피고인의 무죄를 주장하거나 피고인에게 유리하게 변론하여 자신이 맡은 피고인이 더 적은 형량을 받을 수 있도록 노력해요.

판사는 피고인이 유죄인지 무죄인지를 판단하고, 유죄일 경우 벌의 종류와 정도를 정해 판결을 내려요.

민사 재판과 형사 재판 외에도 여러 종류의 재판이 있어요. 행정 기관의 잘못으로 개인이 피해를 본 경우에 국가를 상대로 재판을 요구하는 행정 재판, 이혼, 유산 상속 같은 가족, 친족 사이의 재판인 가사 재판, 선거에 문제가 있을 때 여는 재판인 선거 재판, 청소년이 저지른 행위에 대해 죄를 판단하는 소년 보호 재판 등 사건의 성격에 따라 재판의 종류가 달라진답니다.

민사 재판 법정

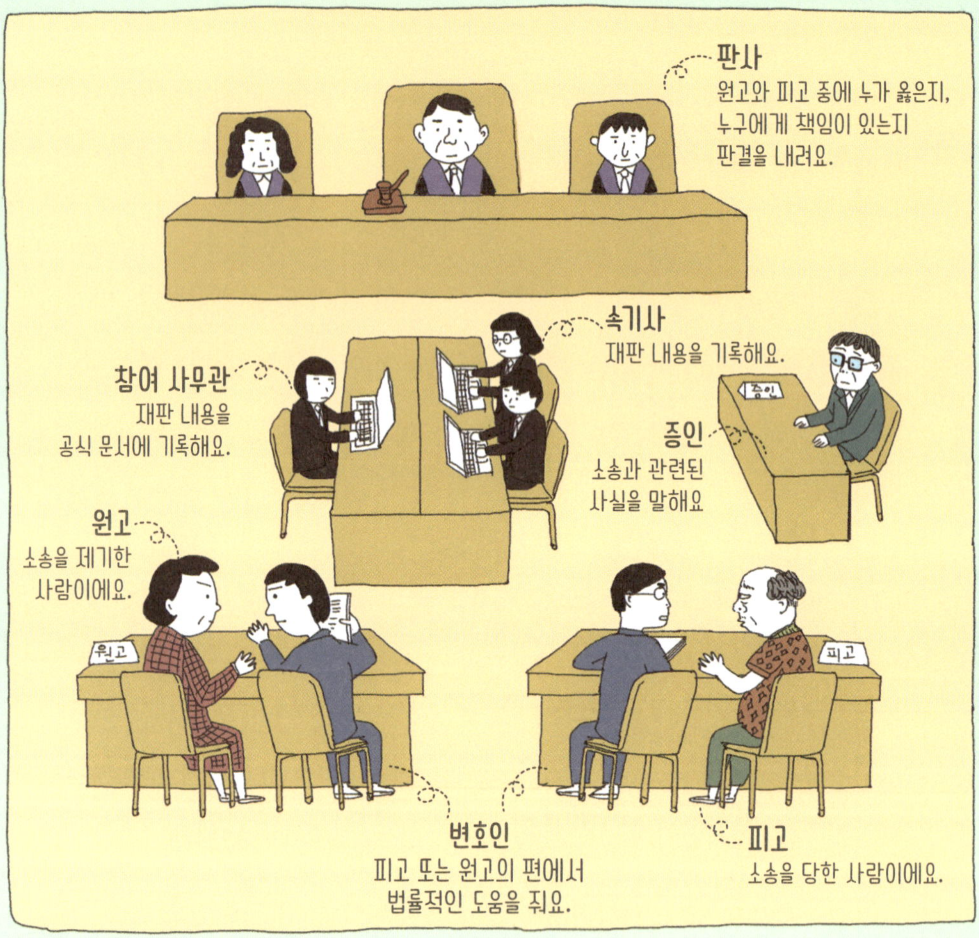

판사 원고와 피고 중에 누가 옳은지, 누구에게 책임이 있는지 판결을 내려요.

속기사 재판 내용을 기록해요.

참여 사무관 재판 내용을 공식 문서에 기록해요.

증인 소송과 관련된 사실을 말해요.

원고 소송을 제기한 사람이에요.

변호인 피고 또는 원고의 편에서 법률적인 도움을 줘요.

피고 소송을 당한 사람이에요.

민사재판과정

① 소장 접수 원고가 법원에 소장 제출. 법원은 피고에게 전달.

② 답변서 제출 피고가 법원에 소장 내용에 대한 답변서를 제출.

③ 증거 제출 피고와 원고가 자신의 주장에 대한 증거 제출.

④ 변론 및 판결 선고 법원에서 원고와 피고가 진술. 판사가 판단해 판결 선고.

형사 재판 법정

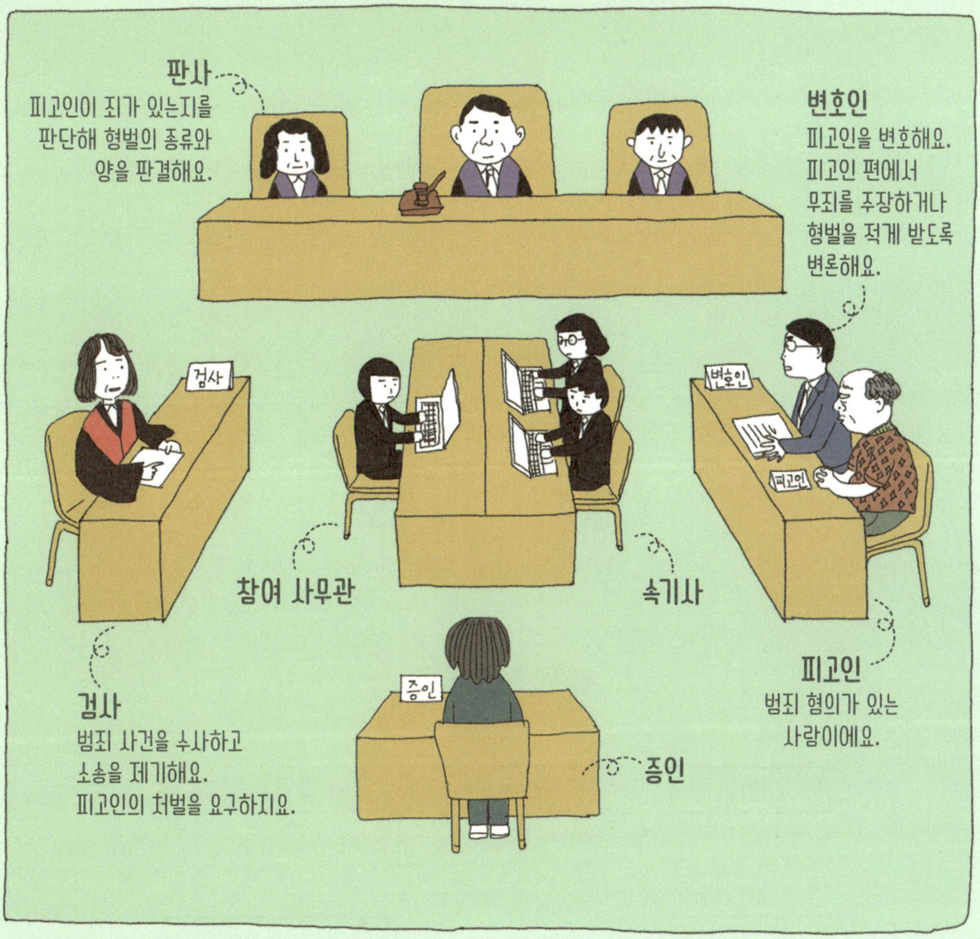

판사 - 피고인이 죄가 있는지를 판단해 형벌의 종류와 양을 판결해요.

변호인 - 피고인을 변호해요. 피고인 편에서 무죄를 주장하거나 형벌을 적게 받도록 변론해요.

참여 사무관

속기사

검사 - 범죄 사건을 수사하고 소송을 제기해요. 피고인의 처벌을 요구하지요.

증인

피고인 - 범죄 혐의가 있는 사람이에요.

형사재판과정

① **수사** - 경찰과 검사가 피의자 수사.

② **공소 제기** - 검사가 피의자에 대한 재판 요청.

③ **공판** - 검사가 피고인을 신문하고, 변호인이 변론하며 죄의 유무를 가림.

④ **판결** - 판사가 사건에 대해 죄의 유무를 결정함.

3심 제도

한 가지 사건에 대해서 최대 세 번까지 재판을 받을 수 있는 제도예요. 모든 재판은 법관이 법률을 해석해 판결을 내리는데, 판결은 논란의 소지가 있을 수 있어요. 그래서 공정한 재판을 위해 3심 제도를 마련했지요.

1, 2, 3심 재판은 각각 다른 법원에서 열려요. 1심은 지방 법원, 가정 법원, 행정 법원에서 열려요. 소송 금액이 적고 가벼운 재판일 때는 판사 1명이 있는 단독 재판부에서 재판을 받아요. 소송 금액이 크고 무거운 죄일 때는 3명의 판사가 재판하는 합의 재판부에서 재판을 받는답니다.

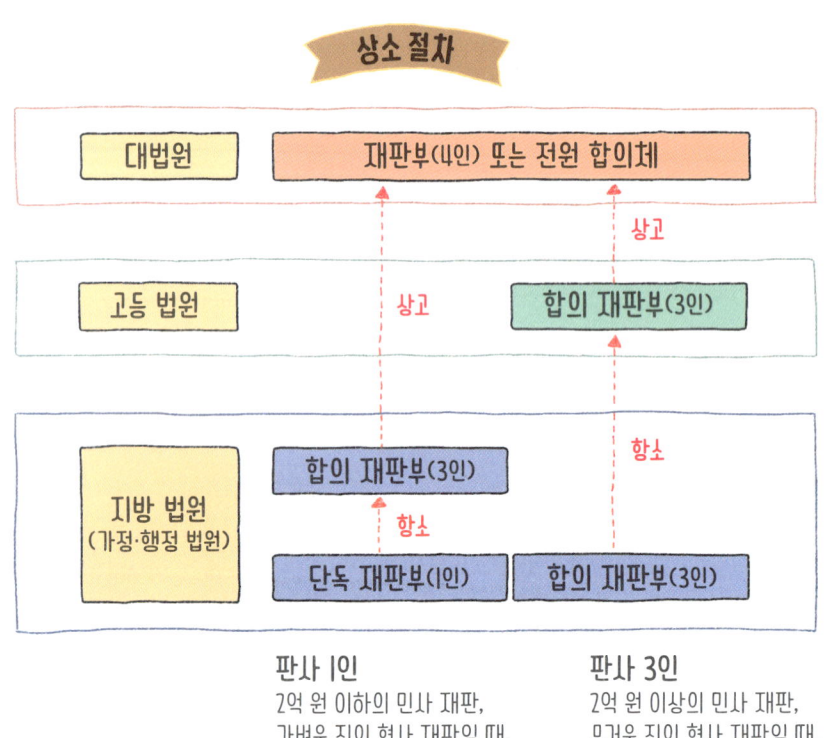

민주초등학교에 유통 기한이 지난 음식을 납품해 벌을 받게 된 곽 사장이 재판 결과에 승복할 수 없다면 2심 법원인 고등 법원에 재판을 다시 요청할 수 있어요. 이것을 '항소'라고 해요. 만약 곽 사장이 두 번째 재판의 결과도 옳지 않다고 생각하면 3심 법원인 대법원에서 최종적으로 재판을 받을 수 있답니다. 이것을 '상고'라고 하지요.

　하지만 모든 사건에 3심 제도를 적용하는 것은 아니에요. 계엄령이 내려졌을 때 군사 재판은 한 번의 재판으로 판결이 끝나요. 전쟁 중에는 재판을 따로 하지 않고 그 자리에서 판결을 내리고 형벌을 줄 수도 있어요. 특히 재판이나 선거 재판도 3심 제도를 적용하지 않는답니다.

검사, 변호사, 판사는 어떤 일을 하나요?

판사는 사법부인 법원에 속해 있는 법관으로, 법을 해석해서 법적인 판결을 내리는 사람입니다. 판사는 변호사와 검사의 논쟁, 증인의 진술과 증거를 자세히 살펴보고 법에 따라 판결을 내립니다.

검사는 행정부인 법무부에 속해 있습니다. 범죄 혐의가 있는 사람에 대해 법원에 공소를 제기하고 범죄에 맞는 형벌의 종류와 형량을 구형합니다.

변호사는 피고나 원고의 입장을 대변하는 사람으로 피고나 원고의 형량을 줄여 줄 것을 요구하는 역할을 합니다.

대법원의 최종 판결

항소를 거쳐 상고를 하면 대법원의 최종 판결에 반드시 따라야 해요. 그렇기 때문에 대법원은 아주 신중하게 판결을 내리지요.

대법원에는 대법원장과 대법관을 포함해 법관이 모두 14명이에요. 3심 재판에서는 먼저 대법관 세 명 이상이 2심 재판의 결과를 따를지 결정해요. 이때 한 명이라도 의견이 다르면, 사건은 대법원 전원 합의체로 넘어가요. 대법원 전원 합의체는 대법관의 3분의 2 이상이 출석하고 과반수가 넘을 경우에만 결정을 내려요. 마지막 재판이기 때문에 소수 의견도 존중해서 다시 생각하기 위한 제도랍니다.

대법원의 우두머리인 대법원장은 대통령이 국회의 동의를 얻어 임명해

대법원 전원 합의체 법정.

요. 사법부가 권력을 남용해 국민의 권리를 침해할 때, 행정부와 국회가 사법부를 견제하기 위해서지요.

물론, 대법원도 행정부와 국회로부터 독립을 유지하기 위해서 이들을 견제할 수 있는 힘을 갖고 있어야 해요. 그래서 사법부는 행정부가 만든 명령이나 규칙이 법률에 위반되는지 확인할 수 있어요. 또 재판에 쓰인 법률이 헌법에 어긋나는지 헌법 재판소에 심사를 요청함으로써 입법부인 국회를 견제할 수 있답니다.

대법원장을 만나다

🧒👦 안녕하세요, 대법원장님. 저희는 민주초등학교 강민주, 최정치입니다.

👴 대법원장 이정의입니다. 우리 친구들, 무엇이 궁금해서 저를 찾아왔나요?

🧒 여쭤보고 싶은 게 정말 많은데요, 우선 대법원은 다른 법원과 어떤 차이가 있는지 궁금합니다.

👴 재판을 세 번 할 수 있다는 것을 배웠지요? 대법원은 최종 판결을 내리는 법원이에요. 대법원에서 판결을 내리면 그대로 확정된다는 것이 1, 2심 법원의 재판과 다르지요.

🧒 그럼 대법원의 재판관들은 아주 심사숙고해야겠네요.

👴 그래요. 그래서 책임이 아주 무겁지요. 대법원이 하는 일을 몇 가지 더 설명해 줄게요. 대법원은 대통령이나 국회 의원 선거에 관련된 소송의 재판권을 가져요. 또 지방 자치 단체에서 정한 법이 헌법과 일치하는지, 지방 법원과 고등 법원의 판결이 헌법에 위배되지는 않는지 등을 심사하는 일도 하지요.

🧒 음, 정말 많은 일을 하시네요. 그럼 대법원장이 되려면 어떤 자격을 갖춰야 하나요?

🧑‍🦳 대법원의 대법관과 대법원장이 되려면 45세 이상이어야 하고, 20년 이상 판사 혹은 검사, 변호사로 일한 경험이 있어야 해요. 또는 변호사 자격을 가지고 법에 관련된 일을 하거나, 대학에서 법률학 교수를 20년 이상 지내도 같은 경험으로 인정되지요.

👦 법 공부를 정말 많이 해야 하는군요. 그렇다면 얼마나 오래 대법원장을 할 수 있나요?

🧑‍🦳 네, 대법원장의 임기는 6년이고 최대 70세까지 할 수 있습니다.

👦 대법원장은 대통령이 국회의 동의를 얻어 임명한다고 배웠는데, 왜 이렇게 복잡하게 뽑는 건가요?

🧑‍🦳 대법원장을 임명하는 데 행정부와 입법부가 관여하는 것은 사법부 마음대로 권력을 휘두르는 걸 막기 위해서예요.

👦 그럼 대법원장은 어떤 권한을 갖나요?

🧑‍🦳 대법원장은 사법부의 최고 책임자예요. 대법관을 임명하고, 지방

법원과 고등 법원의 판사들, 법원의 여러 직원들을 임명해요. 헌법 재판소 재판관과 중앙 선거 관리 위원회 위원을 지명할 수 있는 권한도 갖고 있지요.

🧒 우아, 정말 엄청난 권력이네요! 저도 우리 반 청소 당번을 마음대로 정할 수 있으면 좋겠어요.

👴 하하, 그렇게 보였나요? 하지만 이미 말했다시피 대법원장은 행정부와 입법부의 견제를 받아요. 또 대법관의 경우, 대법원장 마음대로 임명하는 것은 아니에요. 대법원에서 따로 만든 위원회에서 임명할 대법관

후보자를 추려 대법원장에게 추천해요. 대법원장은 그중에서 대법관을 뽑아 임명하는 것이지요.

🧒 그 외에 또 다른 권한은 없나요?

👨 학급 회의에서 회장이 회의를 이끄는 것처럼, 대법원장은 대법관 회의를 이끌어요. 그리고 대법원장은 탄핵을 당하거나 감옥에 갇힐 정도로 죄를 짓지 않는 한 파면되지 않아요. 다른 권력이 부당하게 대법원장을 위협하는 것을 막기 위해서예요.

🧒 그렇군요. 마지막으로 대법원장으로서 어린이들에게 당부하고 싶은 부분이 있으신가요?

👨 법은 우리 사회의 질서를 유지하기 위해 꼭 필요해요. 저는 모든 사람들이 법 앞에 공정한 판결을 받도록 최선을 다해 법원을 이끌 테니, 친구들도 법을 잘 지키는 시민이 되어 주세요.

🧒🧒 감사합니다.

사법부의 공간, 대법원

서울특별시 서초구 서초대로 219번지, 대법원이 위치한 곳이야. 대법원이라고 쓰인 비석을 지나서 둥근 중앙 정원을 통과하면 '자유, 평등, 정의'가 쓰인 입구가 보여. 지금의 법원은 1995년에 새로 지었어.

나는 대법원을 안내할 정의의 여신이야. 나는 대법정으로 들어가는 문 위에 앉아 있어. 모두들 내가 들고 있는 저울과 법전을 보면서 법에 따른 공정한 판결의 의미를 되새긴단다. 나와 함께 대법원을 둘러볼까?

❶-1 **소법정** 대법관 4명이 상고로 올라온 사건을 재판하는 곳이야. 법관 4명이 만장일치가 안 되면 대법정으로 옮겨 재판을 다시 해.

❶-2 **대법정** 소법정에서 다른 의견이 나온 사건을 다시 재판하는 곳이야. 국민들의 생활에 중요한 관련이 있거나 사회적 파장이 큰 사건들에 대한 공개 변론이 열리기도 해.

❶-3 **법원사 전시실** 우리나라의 사법 기관과 법의 역사에 대해서 알려 주는 전시실이야.

❷ **조형물 '화(和)'** 동관 원형 광장에 있어. 질서와 화합을 뜻하지. 하나의 축을 가운데에 두고 좌우가 같은 모양이야.

❸ **중앙 정원 법과 정의의 상** 수직으로 놓인 반원은 칼을 형상 화한 것으로 법의 권위를 나타내. 수평으로 놓인 반원은 저울을 형상화한 것으로 정의를 나타내지.

사법부 바로 세우기: 인혁당 재건 사건

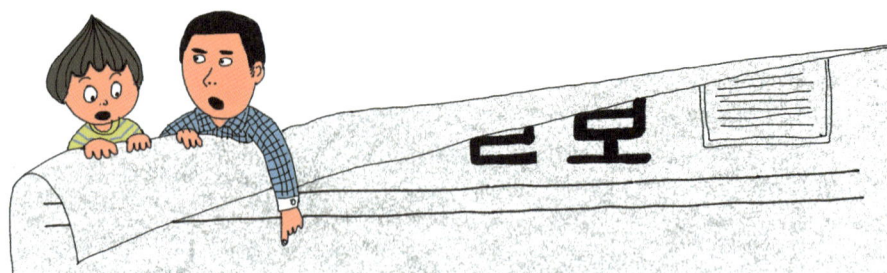

형 확정 24시간도 안 돼 처형, 어떤 사건이기에?

1974년 4월 25일 중앙정보부는 대구, 경북 지역을 중심으로 활동해 온 인사들이 1964년의 '인민 혁명당(인혁당)'을 다시 만들고 북한의 사주를 받아 유신 반대 운동을 펼쳤다고 발표했다. 그러나 국내와 해외의 인권 단체들은 "인혁당 사건은 정권을 유지하기 위해 온갖 고문을 해서 조작한 것"이라고 주장하며 잡아들인 사람들을 석방하라고 요구했다.

당시 국내에서 인권 운동을 벌이던 조지 오글 목사나 시노트 신부는 기도회나 집회 등을 통해 인혁당 사건 관련자에 대한 고문 및 조작을 폭로하다 우리나라에서 강제 추방되기도 했다. 이런 노력에도 10개월 동안의 재판 결과 8명이 사형 선고를 받았다. 그리고 대법원 판결이 내려진 지 하루도 지나지 않은 1975년 4월 9일 이른 새벽에 사형을 집행했다.

사형이 집행된 날, 스위스 제네바에 본부를 둔 국제 법학자 협회는 '사법 사상 치욕의 날'로 선포하고 박정희 정권을 비난했다. 특히 가족들의 동의조차 받지 않고 주검 가운데 두 구를 화장해 고문의 흔적을 없애려는 의도라는 의혹이 제기되기도 했다.

- 1999. 4. 9. ○○일보 -

🧑 1974년에 있었던 인민 혁명당 사건에 관한 기사 읽어 보았니?

👦 네, 선생님. 그런데 내용이 무시무시해요. 정말로 그 사람들이 북한의 명령을 받고 시위를 한 건가요?

🧑 물론, 아니야. 1974년 박정희 정부는 유신 헌법 개헌에 반대하는 학생들이 북한의 사주를 받아 만든 집단이라고 누명을 씌워 사형까지 시켰단다.

👦 아, 유신 헌법은 부마 민주 항쟁 기사에서 나온 거죠?

🧑 그래. 대통령을 더 하고 싶어서 법을 고친 사건이지. 1964년에 중앙정보부는 언론인과 학생들을 북한의 지령을 받아서 정부에 반대하는 조직인 인민 혁명당(인혁당)을 만들었다는 혐의로 체포했어. 하지만 이 사람들의 혐의는 찾을 수 없었지. 그래서 재판 결과 아주 약한 처벌만 받았단다.

👦 그럼 북한이랑 관련이 된 건 아니었네요. 그런데 중앙정보부는 뭐 하는 곳이에요?

🧑 중앙정보부는 박정희 정부 때 우리나라 최고의 정보 수집 기관이야. 이 기관이 정부가 권력을 마음껏 휘두를 수 있도록 정부의 필요에 따라 사건을 조작한 거지. 이로부터 10년이 지난 1972년, 유신 체제가 시작되었어. 1974년에는 학생들이 이에 반대하는 시위를 벌였단다. 정부는 이를 막기 위해 긴급 조치 제4호를 공포해 자신에게 반대하는 사람들을 체포하기 시작했어. 긴급 조치는 헌법에서 보장하는 국민의 자유와 권리를 잠시 정지할 수 있는 대통령의 권한이지. 그러고는 민주화 시

위를 한 학생들이 북한의 사주를 받고 인민 혁명당을 다시 만들려 했다고 발표한 거야.

🙂 인민 혁명당은 북한과 관련이 없다고 판결했는데 왜 이야기가 달라진 건가요?

🙂 정부가 조작한 것이지. 중앙정보부에서는 긴급 조치 제4호 및 국가 보안법을 위반했다며 1024명의 학생들을 영장도 없이 체포했어. 그 중 21명을 고문해서 거짓말로 증언하게 했단다. 그래서 8명에게 사형, 7명에게는 무기 징역, 나머지 인원에게는 징역형을 선고했어.

🙂 사형요? 그럼 항소나 상고하면 되잖아요.

🙂 응, 맞아. 물론 북한에서 사주했다고 누명을 쓴 것이기 때문에 상고를 했지만, 대법원 전원 합의체는 이 상고를 기각했단다.

🙂 기각했으면 원래 판결대로 한다는 거네요.

🙂 그런데 여기서 끝이 아니야. 사형이 선고된 지 18시간도 지나지 않아 곧바로 8명의 사형이 집행되었어. 시신 또한 가족에게 전해 주지 않고 바로 화장해 버렸단다. 고문의 흔적을 지워 버리기 위해서였지.

🙂 어떻게 정부에 반대한다고 재판을 공정하지 않게 할 수 있어요? 재판부는 독립되어야 하잖아요.

🙂 그래서 재판이 진행되는 동안 국제 사회에서 비난이 끊이지 않았단다. 미국 뉴욕타임즈에도 박정희 정권을 비난하는 글이 올라왔어.

영장 사람 또는 물건에 대하여 강제 처분을 허가하는 내용의 서류. 법관이 발부함.

🧑 세계 여러 나라에서 비난할 정도로 심각한 사건이었네요.

🧑 그나마 다행히도 2002년 9월 12일, 의문사 진상 규명 위원회가 다시 이 사건을 조사해 사형을 당한 모든 사람들에게 무죄가 선고되었

단다.

👦 재판을 세 번이나 했는데도 판결을 잘못할 수 있다니……. 너무 놀라워요.

👨 그래서 이 사건을 사법 살인이라고 부르는 거야. 사법권이 다른 권력으로부터 독립되지 않았을 때 어떤 일이 벌어지는지 잘 알려 주는 사건이란다.

다양한 민주주의: 세계의 배심원제

재판이 이루어지는 법정의 풍경을 떠올려 보세요. 아마 판사가 판결을 내리는 장면이 떠오르는 사람이 많을 거예요. 하지만 판사가 아닌 일반 시민들이 판결을 내리는 제도가 있답니다. 바로 배심원제예요.

미국의 배심 재판

안녕, 혹시 미국 영화에서 배심원들이 법정에 앉아서 재판 과정을 지켜보고 판결을 내리는 장면을 본 적 있니? 배심 재판은 판사 한 명의 법률적 판단보다 배심원들의 상식적인 평결이 더 합리적이라는 생각에서 시작된 제도야.

그렇다면 배심원은 어떤 사람들일까? 배심원은 미국 시민이며, 법원의 관할 구역에 살고, 영어로 의사소통이 되고, 무거운 죄로 유죄 판결을 받지 않은 사람 중에서 무작위로 선정해. 배심원은 시민의 의무

> 배심 재판에서는 배심원의 의견에 따라 판결이 나!

평결 평론하거나 평가해 결정함.

이기 때문에 선택되면 특별한 이유가 없는 한 법정에 참석해야 해.

하지만 모든 재판을 배심 재판으로 하는 것은 아니야. 민사 재판은 원고나 피고 중 배심 재판을 원하는 쪽이 있을 경우에만 실시해. 형사 재판은 대부분 배심 재판으로 진행돼. 기소 여부를 결정하는 대배심과 유죄인지 무죄인지를 평결하는 소배심 모두 보통 배심 재판으로 평결을 내려. 원칙적으로는 배심원들의 만장일치로 평결을 내리고 판사가 이를 따라. 하지만 배심원들의 평결이 상식에 크게 어긋나면 판사가 평결을 낸단다.

대한민국의 국민 참여 재판

나는 민주야. 대한민국은 2008년부터 필요에 따라 국민 참여 재판을 열고 있어. 국민 참여 재판은 국민이 형사 재판에 배심원으로 참여하는 제도를 말해. 하지만 배심원들의 선택으로 재판 결과를 결정하는 미국의 배심 재판과 달리, 우리나라의 국민 참여 재판은 배심원들의 선택이 재판 결과에 절대적이지는 않아. 재판부가 배심원이 내린 평결을 참고해서 판결을 내려.

배심원은 만 20세 이상의 대한민국 국민으로, 해당 지방 법원 관할 구역에 거주하는 주민 중에 무작위로 선정돼. 법원은 선정된 사람 중 법원에 출석한 배심원 후보자에게 질문을 해 그 자격을 확인해. 이는 공정한 판단을 내릴 배심원을 선정하기 위해서란다.

법원의 종류와 업무

우리나라에는 3심 재판을 진행하는 대법원, 고등 법원, 지방 법원 외에도 다양한 사건을 다루는 법원이 있어요. 또 법원에서는 죄의 유무를 가리는 재판 외에 다양한 업무를 수행하지요. 그럼 지금부터 우리나라에 어떤 법원이 있으며 그곳에서는 어떤 일을 하는지 자세히 살펴봐요.

법원의 종류

안녕? 난 정치야. 3심 재판을 진행하는 대법원, 고등 법원, 지방 법원은 다들 잘 알지? 우리나라의 대법원은 서울에 1곳이 있어. 대법원은 대법원장 1명과 13명의 대법관으로 구성되는데 보통 대법관 4명이 재판을 해.

고등 법원은 서울, 대전, 대구, 부산, 광주, 수원에 6곳이 설치되어 있어. 판사 3명으로 구성된 합의부에서 재판을 하지.

대법원 외에도 가정 법원, 특허 법원 등 다양한 법원이 있어!

지방 법원은 전국에 18곳이 있어. 민사 및 형사 사건을 1심으로 재판해. 지방 법원 아래에는 41개의 지원이 있단다.

이외에도 다양한 법원이 있어. 먼저 헌법 재판소는 국민의 기본권을 보장하는 최종 심판 기관이야. 주로 헌법에 위반된 법률이 있는지 심판해. 그 밖에 대통령의 탄핵이나 정당의 해산을 심판하기도 해.

특허권이나 상표권 등 지적 재산권에 대한 문제를 해결하는 특허 법원, 가족, 친족의 다툼이나 가정과 소년에 관한 사건을 해결하는 가정 법원, 행정 기관이나 국가의 잘못으로 국민의 권리나 이익이 침해당한 사건을 해결하는 행정 법원, 경제적 어려움을 겪고 있는 사람이나 회사가 다시 일어설 수 있도록 돕는 회생 법원이 있어.

법원이 너무 많아서 복잡하다고? 이 법원들은 모두 국민의 권리를 보호하고 공정한 재판을 하기 위해 존재하는 거란다!

법원의 업무

안녕? 난 민주야. 법원에서는 재판 외에도 다양한 일을 한단다. 재판을 통해 죄의 유무를 가려 사건을 해결하기도 하지만, 다투는 사람들끼리 서로 양보하고 타협하도록 설득하는 것도 법원의 일이야. 이것을 '조정'과 '화해'라고 해.

법원은 조정과 화해를 통해 사건을 해결하기도 해.

다툼을 조정하는 일 외에 '등기' 업무를 처리하는 일도 해. 등기는 부동산이나 회사 등에 대한 권리를 적어 놓는 일인데, 부동산 등기나 법인 등기와 같은 업무도 법원에서 처리해.

개인의 등록 기준지, 이름, 생년월일, 결혼, 사망 등에 대한 문서인 '가족관계등록부'를 작성하거나 수정할 때도 법원의 허가가 필요하단다. 어때, 정말 많은 일을 하지?

에필로그

민주네 반 아이들은 학급 회의를 통해 모둠별로 돌아가면서 급식을 받기로 결정했어요. 이제 민주네 반 아이들은 급식실을 향해 급하게 뛰지 않고, 먼저 받는 친구에 대한 불만도 없어요. 민주네 반 아이들은 아무리 배가 고파도 함께 정한 학급 규칙에 따라 급식을 받아요.

민주초등학교에 식재료를 납품하던 곽 사장은 앞으로 모든 학교에 식재료를 납품할 수 없어요. 학교 급식 특별법이 시행되어 한 번 문제를 일으킨 회사는 다시 학교 급식과 관련된 일에 참여할 수 없게 되었거든요. 곽 사장은 민주초등학교 뿐 아니라, 어린이집에도 유통 기한이 지난 식품을 납품한 사실이 드러나서 재판을 받았고, 판결에 따라 동네 구치소에 수감 중이에요.

민주가 식판을 들고 급식을 받으러 갔어요. 옥수수밥에 된장국, 불고기와 오이무침, 멸치볶음에 오렌지 주스와 산딸기 케이크까지. 바뀐 급식은 싱싱하고 질 좋은 식재료를 넉넉하게 사용했어요. 민주초등학교 점심시간에는 이제 행복한 웃음이 가득하답니다.

참고 자료

《초등학교 사회과 교과서 6-1》. 교육부. 2019
《중학교 사회2 교과서》. 미래엔. 2019
《이것이 민주주의다》. 김비환. 개마고원. 2013년
《민주주의의 이념과 역사》. 차기벽. 아로파. 2013년
《처음 만나는 민주주의 역사》. 로저 오스본. 시공사. 2012년
《국회 그리고 한국의 정치》. 지병문. 오름. 2009년
《날치기 국회사》. 김예찬. 루아크. 2016년
《누가 민주주의를 훔쳐갔을까?》. 김은식. 이상미디어. 2014년
《청소년, 정치의 주인이 되어볼까?》. 이효건. 사계절. 2013년
《지방분권과 지방자치발전》. 안성호, 윤태경. 교육과학사. 2018
〈미국 헌법 연구-미국의 배심제와 그 시사점〉. 홍석한. 2018
〈대한민국 헌법〉
〈별책7_사회과+교육과정(제2015-74호)〉. 교육부
2019년도 예산. 대한민국 국회. 2018
청와대 홈페이지 http://www.president.go.kr/
국회 홈페이지 http://www.assembly.go.kr/
대법원 홈페이지 http://www.scourt.go.kr/
헌법 재판소 홈페이지 https://www.ccourt.go.kr/
국가 법령 정보 센터 홈페이지 http://www.law.go.kr/
국민과 함께하는 재정 혁신 타운 홈페이지 http://www.budget.go.kr
법원 어린이 홈페이지 https://www.scourt.go.kr/kids
중앙 선거 관리 위원회 홈페이지 https://www.nec.go.kr